Edición / Publisher
La Fábrica

Fotografías / Photographs
Eduardo Nave

Textos / Texts
Rafael Argullol
Horacio Fernández

Diseño / Graphic Design
underbau

Traducción / Translations
Philip Sutton

Corrección de textos / Proofreading
Isabel García Viejo
Art in Translation

Producción / Production
Adriana Rodríguez

Preimpresión / Pre-press
Estudio Paco Mora
Eduardo Nave

Impresión / Printing
Artes Gráficas Palermo

La tipografía utilizada en este libro
es Akkurat. Las imágenes han sido
impresas en papeles Creator Matt de
80 g y Arena Natural Rough de 140 g,
y el pliego de textos en Woodstock
Grigio de 80 g / The typeface used
in this book is Akkurat. The images
have been printed on 80-gram
Creator Matt paper and 140-gram
Arena Natural Rough paper, and the
sheet of texts on 80-gram Woodstock
Grigio paper.

ISBN: 978-84-17769-48-2
DL: M-14868-2021

Impreso en España / Printed in Spain

LA FABRICA

Presidente / President
Alberto Anaut

Vicepresidente / Vice President
Alberto Fesser

Director de La Fábrica
Editorial / Publishing Director
César Martínez-Useros

Directora Editorial /
Editorial Content Manager
Camino Brasa

Director de Distribución /
Distribution Manager
Raúl Muñoz

La Fábrica
Verónica, 13
28014 Madrid
T. +34 91 360 13 20
edicion@lafabrica.com
www.lafabrica.com

Las fotografías de este libro fueron
realizadas en las playas de Utah,
Omaha, Gold, Juno y Sword entre
los años 2003-2005 y 2019. / The
photographs in this book were taken
on the beaches of Utah, Omaha, Gold,
Juno and Sword in the years 2003-2005
and 2019.

Mi más sincero agradecimiento a /
My most sincere thanks to:

Daniel Cuevas, Gonzalo Nave, Guillermo
Monzón, Emilia Luis Vergara, Mireia
A. Puigventós, Lluìso García Llorens,
Jenny Tapias Derch, Carla Oset, Paco
Mora, Albert Corbí, Enrique Algarra,
Mikel Ponce, Daniel Pajuelo, Julio César
González, David Antolín, Miguel Ángel
Esteban, Matías Costa, Alfredo Martínez,
Jorquera, Laura M. Lombardía, Adriana
Rodríguez, Pablo Suárez, Camino Brasa,
Oliva María Rubio, Claude Bussac, María
Pallás y / and MBD.

A Pilar Serra, mi madre artística /
To Pilar Serra, my artistic mother.

A Carlos Luján, por ver el camino antes
que yo. / To Carlos Luján, for seeing the
path before I did.

A Nuria Vidal, cuya pintura inspiro las
imágenes de este proyecto. / To Nuria
Vidal, whose painting inspired the
images of this project.

A César Martínez-Useros, editor
cómplice de este libro. / To César
Martínez-Useros, this book's editor and
accomplice.

A María José Salazar, cuya observación
y empeño hicieron posibles las
primeras andaduras de este proyecto. /
To María José Salazar, whose
observation and determination made
the first stages of this project possible.

A Horacio Fernández, por respaldar mis
incipientes incursiones y aventuras
fotográficas. / To Horacio Fernández, for
supporting my incipient photographic
incursions and adventures.

A Juan Millás, compañero y copiloto
de tantos viajes. / To Juan Millás,
companion and co-pilot
on so many journeys.

A Juanjo Justicia, demiurgo editorial,
genio ordenador de mi fotografía. /
To Juanjo Justicia, the editorial
demiurge and genius who organised
my photography.

A Diana Jusdado, elemento clave en la
conclusión de todos mis proyectos. /
To Diana Jusdado, a key element in the
conclusion of all my projects.

A David Linuesa, cabo primero del
último gran viaje. / To David Linuesa,
leading seaman on the last great
journey.

A mis fieles amigos, por ser esa tropa
que nunca te abandona. / To my faithful
friends, for being that crowd which
never abandons you.

A Teresa y a Bruna, principio de
causalidad y motivación de todo lo que
acontece, incluido este libro. / To Teresa
and to Bruna, the causality principle
and motivation of all that occurs, this
book included.

Madre, me tenías
Pero nunca te tuve
(…)
Entonces
Solo tengo que decirte
Adiós
(…)
Mamá, no te vayas

Mother, you had me
But I never had you
(…)
So
I just got to tell you
Goodbye
(…)
Mama don't go

«Saludo a todos mis amigos. Ojalá
puedan ver el amanecer después
de esta larga noche. Yo, demasiado
impaciente, me voy de aquí antes
que ellos».
Carta de despedida de
Stefan Zweig (1942).

'I send greetings to all of my friends.
May they live to see the dawn after
this long night. I, who am most
impatient, go before them.'
Farewell letter of
Stefan Zweig (1942).

«Quizá la más grande lección de la
historia es que nadie aprendió las
lecciones de la historia».
Aldous Huxley

'That men do not learn very much from
the lessons of history is the most
important of all the lessons that history
has to teach.'
Aldous Huxley

En memoria de todos y cada uno de
los soldados que cayeron aquella noche
del 6 de junio de 1944. / In memory of
each and every one of the soldiers who
fell that night of 6 June 1944.

Eduardo Nave

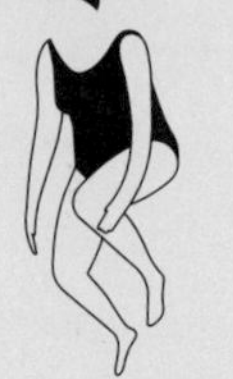

SUBMARINO Cuando Nave está agobiado ve un rato *El submarino,* de Wolfgang Petersen, la película más claustrofóbica de todos los tiempos, y de inmediato se pasan todos sus males.

SUEÑO Una noche, Nave tuvo una revelación sobre cómo debía hacer su trabajo. Simplemente tenía que recorrer las cinco playas del desembarco cargando con sus cámaras. A las fiestas y costumbres de Normandía, ni caso. Los turistas eran tan poco importantes como los nativos. Y lo demás lo mismo. Excepto las playas, todo daba igual.

TETRAHEDRA Pirámides de tres lados construidas con hormigón armado con acero.

TIBURÓN Nave cree que las cuatro notas del tema principal que compuso John Williams para la película de Spielberg aterrorizan a cualquier bañista, aunque esté en una piscina.

TODO QUEDA Siempre queda algo. Los libros no arden, el desierto no deja de crecer y el mar golpeará la tierra hasta el día después del último día. Esa es la historia. El problema es que salga en las fotografías.

TURNER Captura tan bien el movimiento, la agitación y el color que es uno de los pintores preferidos de Nave. Cree que no hay mejor pintor que Turner para reflejar la sensación de ver y estar dentro de una tormenta marítima. Le gusta mucho su búsqueda de la percepción subjetiva. Sea verdad o mentira, se cree la anécdota contada por el propio artista de que una vez se ató al mástil para experimentar la intensidad de la tormenta.

USS INDIANAPOLIS Nave sueña con rodar una película sobre las últimas horas de la fatídica historia de este barco de guerra.

VIAJE AL FONDO DEL MAR Según Nave, *Abyss,* de James Cameron, es la mejor película de acción lenta sobre los misterios del mar profundo.

VIVALDI Nave siempre ha sido menos fan de *La Primavera* que de *La Tormenta,* que imagina marítima, aunque no sepa por qué.

ZEN En las playas de Normandía a veces su máquina de fotos se disparaba sola. Hay posibilidades de hacer zen con cámara. Al igual que el tiro con arco, la escritura, el póker o el tenis, la fotografía también es un trabajo en el que se puede alcanzar lo espiritual gracias a la concentración. Un poco de suerte ayuda en la singladura.

and is unconcerned with beaches. The only important thing is that something important should have happened on that spot.

TIDES Nave was in Paris and went from there to Normandy. From the hotel window, he saw how the world changed to the rhythm of the winds and the tides. Horizons ranging from good to perfect, fields in every shade of white over every possible blue, dazzling sands… Life was perfect.

TURNER He is so good at capturing movement, agitation and colour that he is one of Nave's favourite painters. He thinks no painter is better than Turner at reflecting the sensation of seeing and being in a storm at sea. He is a great admirer of his search for subjective perception. Whether it is true or not, he believes the artist's own story that he once had himself tied to the mast so as to experience the intensity of the storm.

UNDERWATER STAKES They have steel teeth for tearing holes in the hulls of landing craft. Others hold landmines.

USS INDIANAPOLIS Nave dreams of making a film about the last fateful hours in the story of this warship.

VIVALDI Nave has always been less of a fan of *Spring* than of *Storm,* which he imagines at sea, though he cannot say why.

VOYAGE TO THE BOTTOM OF THE SEA According to Nave, James Cameron's *Abyss* is the best slow action movie on the mysteries of the sea's depths.

WARS He has published a report on cyberattacks in a weekly magazine. Nave went into the ultra-secret places where the Spanish Civil Guard and the Interior Ministry detect attacks and prepare their lines of defence. War today is waged from home.

WAVES What Renoir painted attracts Nave not only because it is an excellent painting, but also, and above all, because it was done on a beach in Normandy.

ZEN On the beaches of Normandy, his camera sometimes took photos on its own. There are possibilities for practising zen with a camera. Like archery, writing, poker or tennis, photography is also a task in which spirituality can be attained through concentration. A little luck also comes in handy.

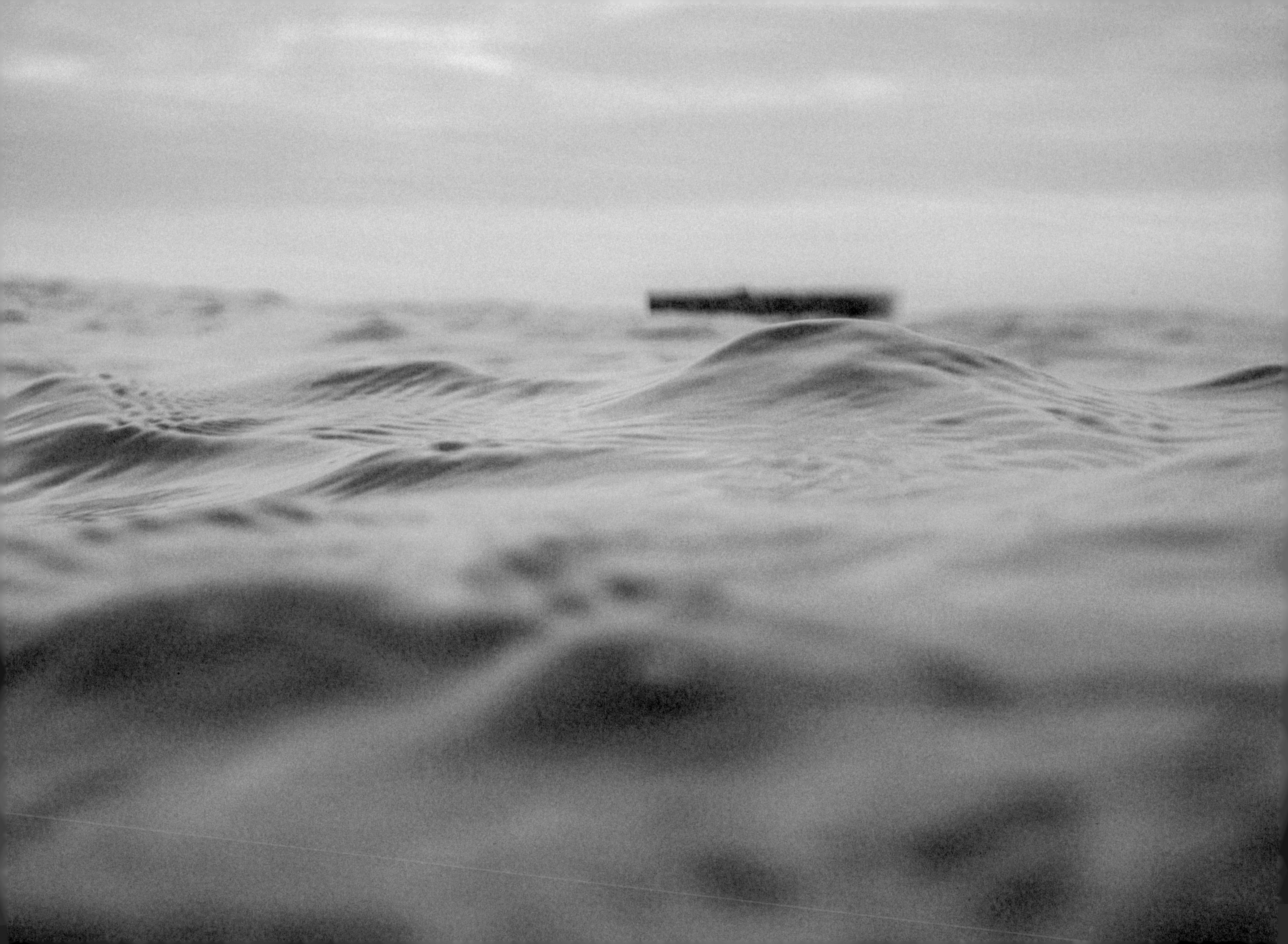

OPEN WATER A pesar de su maravilloso plano nocturno iluminado por relámpagos, podría ser otra película de serie B y hubiera pasado desapercibida.

PAISAJE Es más sublime que el retrato. A la altura suficiente se ve a Dios. Siempre mantiene algo de lo que fue. El paisaje del pasado aún está en el paisaje del futuro.

PANORÁMICAS Hechas con una Hasselblad muy pequeña, con la que Nave podía tirar a pulso.

PINTURA Prepara un proyecto sobre su historia y localiza lugares pintados que no son producto de la imaginación.

PISCINA Quiere hacer un corto sobre una mujer atada al fondo de una piscina vacía que empieza a llenarse. Al principio tiene que parecer de terror y luego ser otra cosa.

PRIMER VIAJE A los veinte años consiguió una beca del Colegio de España en París. Enseguida viajó a Normandía. Nunca había tocado el paisaje, siempre había hecho fotos con gente. De repente, se enfrentó a las playas con un trípode y película en color. Las recorrió una y otra vez embriagado por la emoción, el clima, la niebla… Nave dice que fueron los momentos más felices de su vida.

PUERTAS BELGAS Vallas de acero montadas sobre rodillos de hormigón.

PUERTOS Se construyeron en Inglaterra y se llevaron a la costa normanda a remolque. Quizá sea la mayor obra de ingeniería militar de la historia, junto al Atlantikwall. Unos cuantos años más y no quedará nada de ninguna de las dos.

REPORTAJE Nave reconoce sin necesidad de tortura que es un tío pequeñito y tímido, en vez del clásico reportero guapetón y cachas que se va a la guerra. Prefiere quedarse como está.

RESPETO Cinco mil soldados murieron en el agua el Día D. Un respeto para la gente que se dejó la vida en las playas, dice Nave. Gracias a ellos estamos donde estamos.

RETRATO Es más emocional que el paisaje. El rostro es el compendio de todo lo que hace, ve y sufre una persona.

RUINAS Fotografiarlas es lo mismo que fotografiar playas. Lo que interesa a Nave son las huellas de los seres humanos. Los que han vivido en una casa destruida durante generaciones siguen en ella. No hay ruinas sin fantasmas.

SCHMID Recopiló retratos de reclutas norteamericanos hechos en los meses previos a la invasión. La carne de cañón era casi toda negra y no sale en las películas.

SEGUNDO VIAJE En 2019 Nave preparó una exposición para el 75 aniversario del Día D. Como es muy exigente consigo mismo, se puso el requisito de no hacer nada igual que la primera vez. Trabajó con tecnología inexistente quince años atrás. Quería contar otro relato en las cinco playas con nuevos aparatos. Se metió en el agua cargado con ellos para ver cómo la arena y las olas se habían comido casi todos los restos del día más largo.

SENTIMIENTO Una vez que Nave iba con Juan Millás, le preguntó si había sentido algo al pasar por cierto lugar. Luego supo que allí había ocurrido un asesinato. Cree que al documentarse tanto está predispuesto a prontos de este estilo. Asegura que las playas normandas no son tan normales como creen los turistas veraniegos.

SOROLLA Nave podría elegir cualquiera de las decenas de obras que pintó sobre el mar. Cree que son el reflejo perfecto de una escena de mar, playa, luz, color, dinamismo, etcétera.

SORPRESAS DE LAS ELIPSIS En las fotos de Nave no salen soldados. En las de Joachim Schmid no hay playa. No obstante, los dos tratan de lo mismo.

READINGS Especially about the cinema, Nave's great passion. How a film is made, how the director works, how the soundtrack comes across, etcetera.

REPORTING Nave does not have to be tortured to admit that he is short and timid, not the classic handsome hunk who goes off to war as a reporter. He would rather stay as he is.

RESPECT Five thousand soldiers died in the water on D-Day. Nave says we should show respect for the people who left their lives on the beaches. Thanks to them, we are where we are.

RUINS Photographing them is the same as photographing beaches. It is the traces of human beings that interest Nave. Those who lived for generations in a ruined house are still there. There are no ruins without ghosts.

SCHMID He compiled portraits of American recruits taken in the months prior to the invasion. The cannon fodder were nearly all black and do not appear in the movies.

SECOND TRIP In 2019, Nave prepared an exhibition for the 75th anniversary of D-Day. As he is very demanding on himself, he set himself the requisite of doing nothing the same as the first time. He worked with technology that was non-existent fifteen years earlier. He wanted to tell a new story on the five beaches with new cameras. Laden down with them, he waded into the water to see how the sand and waves had eaten up nearly all the remains of the longest day.

SHIPWRECK The ships of *Dunkirk* are real, and so is the way they are sunk, Nave affirms. Although we might think that the *Titanic* stayed afloat for hours, a ship hit by a torpedo takes a few minutes to founder.

SOROLLA Nave could choose any of the dozens of pictures he painted of the sea. He thinks they are the perfect reflection of a marine scene, with the beach, the light, the colour and the dynamism, and the rest.

SUBMARINE When Nave feels oppressed, he watches a bit of Wolfgang Petersen's *Das Boot*, the most claustrophobic film of all time, and all his troubles immediately lift.

SURPRISE ELLIPSES There are no soldiers in Nave's photos. There are no beaches in Joachim Schmid's. Yet both deal with the same thing.

SWIMMING POOL He wants to make a short about a woman tied to the bottom of an empty swimming pool that starts to fill. It should look like a horror film at first and then turn out to be something else.

TAKING PHOTOS Suddenly he can see nothing. Nave walks through the mist, which does not bother him, as though he were floating. The water is as hot as in the bathroom. Suddenly a figure appears and he takes the photo, more from instinct than anything else. The arrow shoots when you make the slightest movement.

TETRAHEDRA Three-sided pyramids made of steel-reinforced concrete.

THE BEST OF THE BEST If Nave had to choose a hundred minutes from the whole history of cinema, the first five of Spielberg's *Saving Private Ryan* would be among them.

THE BIG BLUE Nave has been accompanied since he was a child by Luc Besson's film. Diving connects him with the fish he was thousands of years ago.

THE GREAT WAVE Mount Fuji forms part of Nave's imaginary, and he has dreamed of replicating Hokusai's 36 views with his camera. Especially the one that shows Fuji as a tiny triangle among huge waves. Although there are boats, it gives the impression of nature without history.

THE MAIN THING Nave tells his students that he is not at all interested in landscape

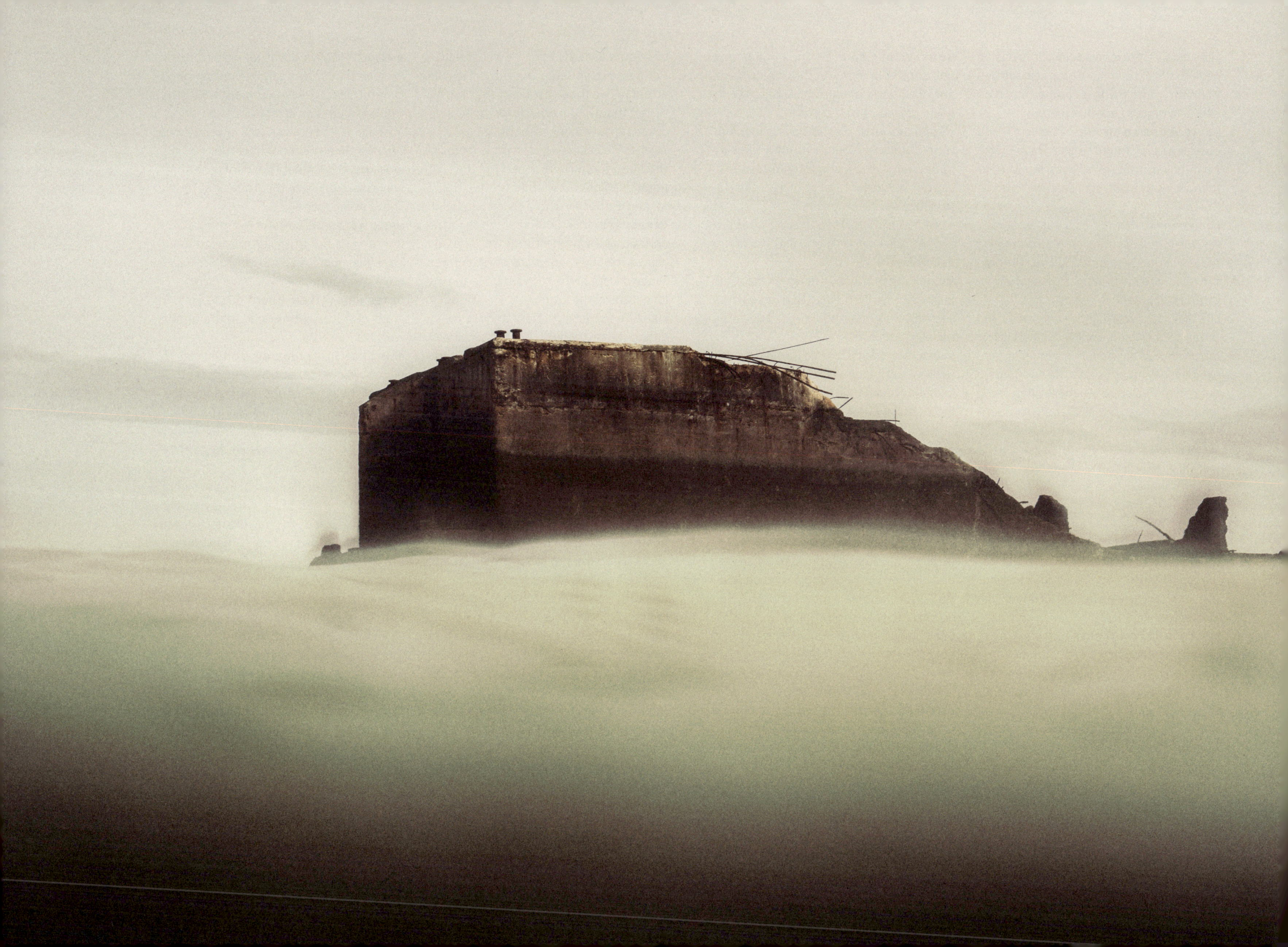

LECTURAS Sobre todo de cine. Es la pasión naviera por excelencia. Cómo se hace una película, cómo trabaja el director, cómo suena la banda sonora, etcétera.

LO MEJOR DE LO MEJOR Si Nave tuviera que elegir cien minutos de toda la historia del cine, entre ellos estarían los primeros cinco de *Salvar al soldado Ryan* de Spielberg.

LO PRINCIPAL Nave dice a sus estudiantes que el paisaje no le interesa nada y las playas le dan lo mismo. Lo único importante es que haya ocurrido algo importante en el lugar.

LUZ Las playas normandas lucen muy distintas de las mediterráneas. Más de la mitad de los días hay penumbra o niebla, pero también hay muchos ratos de sol. Cuando sube la marea suceden maravillas como lenguas doradas que aparecen de repente y a los diez segundos han desaparecido.

MAGALLANES Nave mataría por dar la vuelta al mundo con Magallanes.

MAREAS Nave estaba en París y fue a Normandía. Desde la ventana del hotel veía cómo cambiaba el mundo al ritmo de los vientos y las mareas. Horizontes entre lo bueno y lo mejor, campos en todos los colores del blanco encima de todos los azules posibles, arenas deslumbrantes... La vida era perfecta.

MASTER AND COMMANDER Se atreve a decir que la película de Peter Weir es la que mejor ha reflejado la vida y el aprendizaje del manejo de un barco. De las decenas de escenas que le gustan, Nave elige la final con música de Boccherini, curiosamente compuesta en Madrid.

MIEDO La gente se acostumbraba, pero los viajes en barco debían de ser aterradores. Que el barco no llegase a puerto dependía de los números que se llevasen en la lotería del fracaso. Ahora también es posible perderse, con GPS y todo.

MOMENTO DECISIVO La línea imaginaria que separa la vida y la muerte cruzada por el soldado al salir de la barcaza de desembarco y pisar la arena.

MUNDO DEL ARTE Según Nave, a los veinticinco años no tenía mucha idea de nada, pero un día sus fotos de las playas normandas interesaron a un galerista y poco después consiguió una beca. Al cambiar su modo de ver y fotografiar, había entrado en el territorio extraterrestre del arte.

MÚSICA Su primera y más grande pasión fue la música. Pero, como Nietzsche, Nave se dedicó a lo segundo mejor que sabía hacer.

NAUFRAGIO Los barcos de *Dunkerque* son reales y sus hundimientos también lo son, asegura Nave. Aunque creamos que el *Titanic* estuvo horas a flote, un barco tocado por un torpedo tarda unos minutos en irse a pique.

NORMANDÍA Un sitio histórico tan extraño como Marte. También es el lugar mágico donde cambió la historia.

NOVELA Nave recuerda una que trata de un niño que no quiere ir al colegio. El padre le dice: vale, no vayas; durante un año todos los días veremos una buena película y luego la comentaremos. Al final, el niño se hace mayor por su cuenta.

OLAS La que pintó Renoir atrae a Nave no solo por ser una pintura excelente, sino también y principalmente por estar hecha en una playa normanda.

OMAHA Cuando Nave hacía sus fotos a veces soñaba despierto que estaba en la playa de Omaha en el momento en el que baja la compuerta de una barcaza de desembarco, empiezan a disparar y no sale ni un solo soldado. Otras veces pensaba en los generales que sabían que iba a morir el noventa por ciento de la primera oleada. Eso no es duro. Es espeluznante.

so on successively. Then he went back to Paris and developed the films. He was afraid to see them, afraid of the change. He left them in the drawer for months because he did not feel secure.

JAWS Nave believes that the four notes of the main theme composed by John Williams for Spielberg's film are terrifying for any bather, even in a swimming pool.

LANDSCAPE It is more sublime than the portrait. At the right altitude, you see God. It always retains something of what it was. The landscape of the past is still there in the landscape of the future.

LIGHT The beaches of Normandy look very different than those of the Mediterranean. There is fog or mist on more than half the days, but there are also many periods of sunshine. When the tide comes in, such wonders occur as golden tongues that suddenly appear and ten seconds later have vanished again.

MAGELLAN Nave would kill to be able to sail around the world with Magellan.

MASTER AND COMMANDER He would dare say that Peter Weir's film is the one that has best reflected life and apprenticeships on board a ship. Of the dozens of scenes he likes, Nave chooses the final one with music by Boccherini, curiously composed in Madrid.

MUSIC His first and greatest passion was music. But, like Nietzsche, Nave dedicated himself to the thing he knew how to do second best.

NORMANDY A historic place as strange as Mars. Also the magical place where history changed.

NOVEL Nave remembers one about a little boy who does not want to go to school. His father says to him: all right, don't go. For a year we'll watch a good film together every day, and then we'll discuss it. In the end, the little boy grows up on his own.

OMAHA When Nave was taking his photos, he sometimes daydreamed that he was on Omaha Beach at the moment when the ramp of a landing craft is lowered, shooting begins, and not one soldier comes out. At other times he thought of the generals who knew that ninety per cent of the first wave were going to die. That's not tough. That's spinechilling.

OPEN WATER In spite of its marvellous nocturnal shot lit by lightning, it could have been just another B movie and might have gone unnoticed.

ORTEGA'S CASTLES Enormous Germans, giant remains submerged in the underworld of memory!

PAINTING He is preparing a project on its history, and is locating painted spots that are not the product of the imagination.

PANORAMAS Taken with a very small Hasselblad that Nave could use freehand.

PHOTOGRAPHER When Nave began, he was a black and white photographer who admired Cartier-Bresson. He wanted to be where you had to be with the camera well loaded, ready to snap the decisive instant before it flashed past. Then he gave up. The waits were very long and too intense. He could not let his concentration waver even for a second.

PHOTOGRAPHY At the age of nine or ten, Nave saw pictures of D-Day by Robert Capa that remained in his memory forever. Strange pictures, moved and blurred, very different from the ones he saw on TV or in adverts. He discovered then that the photos in magazines were not photography.

PLEASURES Nave is interested in water and sand, film and music, journeys and stories, Magellan and Malick.

PORTRAIT It is more emotional than landscape. The face is the compendium of all a person does, sees and suffers.

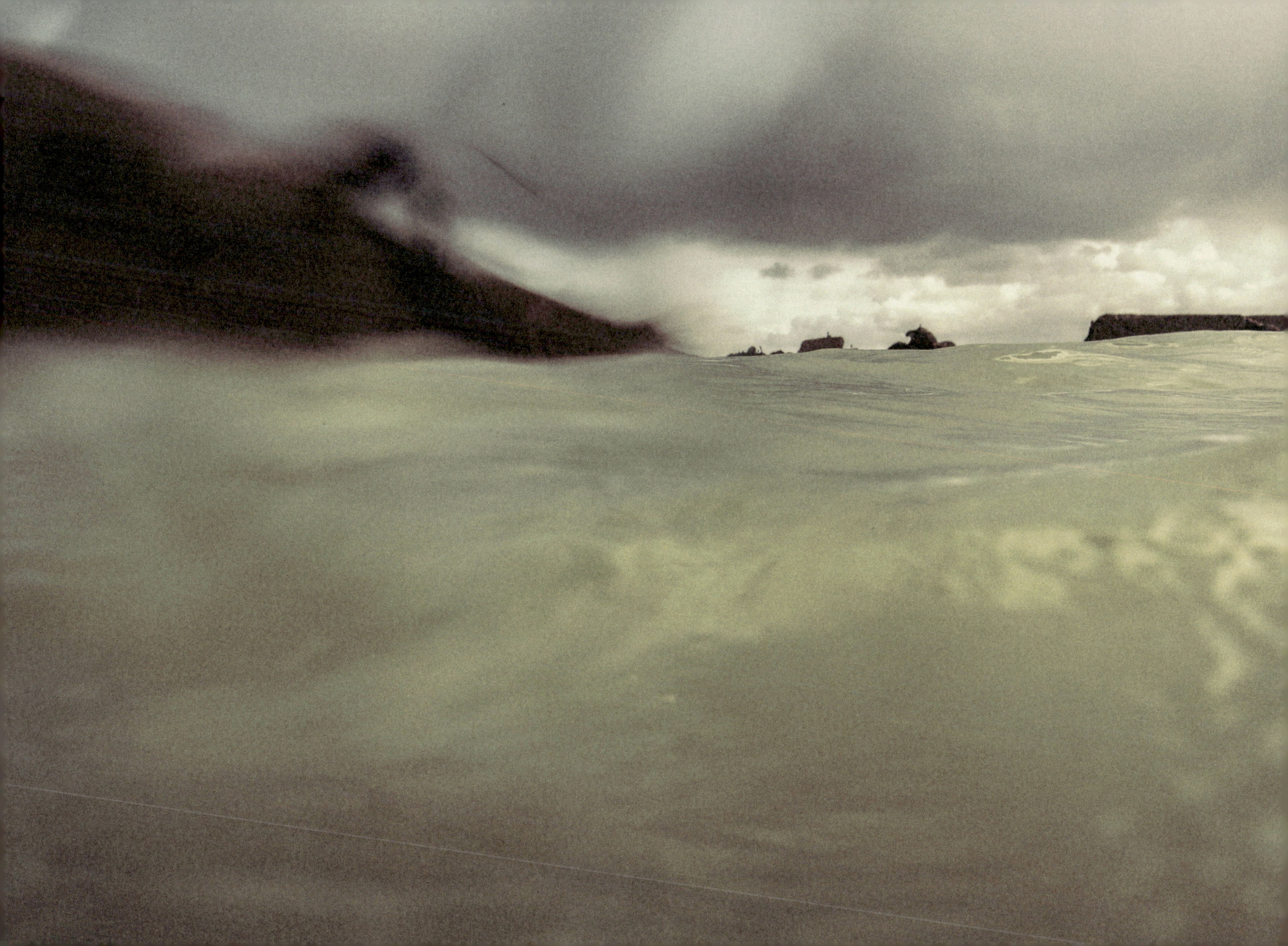

ETA Nave era el fotógrafo de *Normandía* hasta que hizo *ETA*. Luego fue el fotógrafo de ETA, pero sin dejar de ser el fotógrafo de *Normandía*.

EXPERIENCIA Nave siempre ha querido saber cómo es estar en una guerra. Aún no lo ha conseguido y espera mantener su suerte hasta el final.

EXPOSICIONES *Normandía* es el proyecto de Nave más visto. Han pasado dieciocho años y la serie aún se mueve. Está orgulloso de haber expuesto en tantos sitios.

FOTOGRAFÍA A los nueve o diez años Nave vio imágenes de Robert Capa del Día D que se quedaron para siempre en su memoria. Imágenes extrañas, movidas y borrosas, muy distintas de las que veía en la televisión o la publicidad. Entonces descubrió que las fotos de las revistas no eran la fotografía.

FOTOGRAFÍA DOCUMENTAL Nunca la ha dejado, Nave ha seguido aplicando sus reglas en lugares donde hayan pasado cosas emocionales como asesinatos, batallas o incendios.

FOTÓGRAFO Cuando Nave empezó era un fotógrafo en blanco y negro que admiraba a Cartier-Bresson. Quería estar donde había que estar con la cámara bien cargada, listo para que no se escapara el rapidísimo instante decisivo. Luego renunció, las esperas eran muy largas y demasiado intensas. No se podía despistar ni un segundo.

FOTOS AÉREAS Hay dos desplegables en este libro que parecen la misma playa, pero en realidad son cinco: Utah, Juno, Omaha, Gold y Sword.

FRIEDRICH Junto a Turner, el pintor que Nave encuentra más inspirador a la hora de trabajar. Entre sus obras prefiere *Acantilados blancos en Rügen* y *Monje a la orilla del mar*.

GUERRAS Ha publicado en un semanario un reportaje sobre ciberataques. Nave entró en los sitios ultrasecretos donde detectan los ataques y preparan las líneas defensivas la Guardia Civil y el Ministerio del Interior. La guerra de ahora es el teletrabajo.

GUSTOS A Nave le interesan el agua y la arena, el cine y la música, los viajes y las historias, Magallanes y Malick.

HACIENDO FOTOS De repente no ve nada. Nave anda entre la calima, que no le molesta, como si flotara. El agua está tan caliente como en el cuarto de baño. De repente, aparece un personaje y hace la foto, más por instinto que por otra cosa. La flecha se dispara cuando te mueves levemente.

HEMMKURVENHINDERNIS Vías de tren dobladas.

HISTORIA A Nave le interesa mucho, sobre todo la primera mitad del siglo XX. La Guerra Civil española, la Primera y la Segunda Guerra Mundial siempre estaban en las películas que vio al lado de su padre.

INSEGURIDAD Su primer viaje a las playas de Normandía duró una semana. Hizo una playa, luego otra, a los dos días la siguiente y así sucesivamente. Luego volvió a París y reveló los rollos. Tenía miedo de verlas, miedo al cambio. Las dejó en el cajón durante meses porque no estaba seguro.

ISLA DESIERTA Piensa que *Náufrago* de Robert Zemeckis es la película perfecta para explicar lo insignificantes que somos.

LA GRAN OLA El monte Fuji forma parte del imaginario de Nave, que ha soñado con replicar las treinta y seis vistas de Hokusai con su cámara. Sobre todo, la que presenta el Fuji como un triángulo pequeñito entre olas descomunales. Aunque haya barcas, da sensación de naturaleza sin historia.

customs of Normandy. The tourists were as unimportant as the natives. And so was everything else. Except for the beaches, nothing mattered.

DRONE PHOTOS There are two fold-outs in this book that look like the same beach, but are actually five: Utah, Juno, Omaha, Gold and Sword.

DUNKIRK 'Thanks for the gift!', Nave thought when he saw Nolan's film for the first time. If you take away the patriotism and keep the shots of the aircraft, the combination of music and image in the final scene is perfect. He would even keep just the music.

E LA NAVE VA Fellini's film would make a splendid title for this naval glossary. But it was not to be. It is filmed in a studio, and its waves are made of plastic.

ENEMY Hardly ever seen in *Dunkirk*. An invisible threat, scarier than if you could see it. It cannot be seen on Nave's beaches, either, but it can be noticed and felt.

ETA Nave was the photographer of *Normandy* until he made *ETA*. Then he was the photographer of *ETA*, though without ceasing to be the photographer of *Normandy*.

EVERYTHING REMAINS Something always remains. Books do not burn, the desert never ceases to grow, and the sea will break against the land until the day after the last day. That is history. The problem is making sure it comes out in photographs.

EXHIBITIONS *Normandy* is the project by Nave that has been seen by most people. Eighteen years have gone by, and the series is still on the move. He is proud to have exhibited in so many places.

EXPERIENCE Nave has always wanted to know what it is like to be in a war. He has not yet succeeded, and he hopes his luck will hold out till the end.

FEAR People grew accustomed to them, but sea voyages must have been terrifying. The ship's arrival at port depended on the

numbers it held in the lottery of failure. They can still lose their way today, GPS and all.

FEELING Once, as Nave was walking with Juan Millás, he asked him if he had felt something on passing a certain spot. He later learned that a murder had taken place there. He thinks that accumulating so much documentation has predisposed him to hunches of that kind. He is adamant that the Normandy beaches are not as normal as the summer tourists think.

FIRST TRIP At the age of 20, he was awarded a scholarship to the College of Spain in Paris. He immediately went to Normandy. He had only done photos with people and had never taken any landscapes. Suddenly, he confronted the beaches with a tripod and colour film. He went backwards and forwards along them, inebriated by emotion, the weather, the fog… Nave says they were the happiest moments of his life.

FRIEDRICH Together with Turner, the painter that Nave finds most inspiring for his work. Among his paintings, his favourites are *Chalk Cliffs on Rügen* and *Monk by the Sea*.

HARBOURS They were built in England and towed to the Normandy coast. Perhaps the biggest feat of military engineering in history, together with the *Atlantikwall*. A few more years and nothing will be left of either of them.

HEMMKURVENHINDERNIS Bent railway tracks.

HISTORY A special interest of Nave's, especially the first half of the 20th century. The Spanish Civil War and the First and Second World Wars were always in the films he saw with his father.

INSECURITY His first trip to the Normandy beaches lasted a week. He did one beach, then another, the next two days later, and

ACUARIO El agua es el espacio natural de las naves y de los Naves. Su madre nadaba como una sirena, su hermano es buzo profesional y él está como pez en el agua cuando se sumerge conteniendo la respiración y liberando la mente.

AIVAZOVSKY Pintó la friolera de más de tres mil marinas, entre ellas *La novena ola* y *Mar tormentoso nocturno*, dos cuadros en los que Nave bucea en cuanto puede.

ATLANTIKWALL Un disparate de 17 millones de metros cúbicos de hormigón, más de un millón de toneladas de acero y 3.700 millones de marcos dilapidados. Fue construido con mano de obra esclava entre 1942 y 1944 por el ejército alemán para impedir la invasión aliada. Las ruinas del Muro Atlántico empiezan en las afueras de Irún y terminan en Nordkapp, el Cabo Norte noruego.

AURA Según parece, se produce en ciertos mediodías de verano al seguir con calma el perfil de una cordillera en el horizonte. Dicen que emerge en ocasiones especiales, como cuando un barco se hunde. Dados los horizontes kilométricos y la multitud de pecios, amén de las ruinas titánicas y los cementerios densamente poblados, en las playas de Normandía hay posibilidades de avistamientos auráticos.

CANGREJO El signo del zodiaco de Nave, siempre con un pie en el agua y un zapato en tierra.

CASTILLOS ORTEGUIANOS ¡Enormes alemanes, restos gigantes sumergidos en el transmundo de la memoria!

CINE La otra pasión de Nave, además del agua. Ha dicho que no se puede morir sin hacer una película. Le gustan mucho Allen, Anderson, Berlanga, Chaplin, Coppola, Eastwood, Haneke, Kubrick, Leone, Nolan, Scorsese, Shyamalan, Linklater...

CREENCIAS Nave cree, como quien cree en Dios, que cualquier espacio guarda memoria de los hechos que han ocurrido en él.

DEFENSAS Aunque no salgan en las fotos de Nave, las playas del Atlantikwall estaban llenas de defensas de todo tipo: alambradas, baterías de artillería ligera y pesada, blocaos, campos de minas, casamatas, erizos checos, estacas submarinas, *hemmkurvenhindernis*, nidos de ametralladoras, pozos de tirador, puertas belgas, *tetrahedra*, trincheras...

DÍA D Al igual que las fotos, a Nave le gustan las películas en las que pasa algo, aunque sean tan poco modernas como *El día más largo*, *Los cañones de Navarone* o *Doce del patíbulo*.

DOCUMENTALES En ellos encontró Nave imágenes tan reales como las de ficción.

DUNKERQUE Nave pensó ¡gracias por el regalo! cuando vio la película de Nolan por primera vez. Quitando el patriotismo y quedándose con los planos del avión, la combinación de música e imagen de la escena final es perfecta. Hasta se quedaría solo con la música.

E LA NAVE VA La película de Fellini sería un estupendo título para este glosario naviero. Pero no ha podido ser. Está rodada en un estudio y sus olas son de plástico.

EL GRAN AZUL Desde pequeño Nave está acompañado por esta película de Luc Besson. El buceo le conecta con el pez que fue hace milenios.

ENEMIGO No se ve casi nunca en *Dunkerque*. Es una amenaza invisible que da más miedo que si se viera. En las playas de Nave tampoco se ve, pero se nota y se siente.

ERIZOS CHECOS Vigas metálicas con o sin explosivos que se mantienen en pie aunque vuelquen.

ESTACAS SUBMARINAS Llevan dientes de acero para agujerear los cascos de las barcazas de desembarco. Otras sostienen minas terrestres.

AQUARIUM Water is the natural element of the naval and the Naves. His mother swam like a mermaid, his brother is a professio al diver, and he swims under water like a fish, holding his breath and liberating his mind.

AIVAZOVSKY He painted more than three thousand seascapes, no less, including *The Ninth Wave* and *Storm on the Sea at Night*, two pictures Eduardo Nave plunges into whenever he can.

ART WORLD According to Nave, he did not know much about anything at the age of 25, but one day a gallerist took an interest in his photos of the beaches of Normandy, and soon afterwards he was awarded a grant. By changing his way of seeing and photographing, he had entered the extraterrestrial territory of art.

ATLANTIKWALL A folly made with 17 million cubic metres of concrete, over a million tons of steel and 3,700 million wasted Deutschmarks. It was built with slave labour between 1942 and 1944 by the German army to prevent an allied invasion. The ruins of the Atlantic Wall begin in the outskirts of Irún and end at Nordkapp, Norway's Cape North.

AURA Apparently produced on certain summer days at noon when one unhurriedly follows the line of a mountain range on the horizon. They say it emerges on special occasions, such as the sinking of a ship. Given the vast horizons and the multitude of wrecks, not to mention the titanic ruins and the densely populated cemeteries, there are good chances of glimpsing auras on the beaches of Normandy.

BELGIAN GATES Steel fences mounted on concrete rollers.

BELIEFS Nave believes, like one who believes in God, that every space retains a memory of the events that have occurred there.

CRAB Nave's zodiac sign, the crab, always has one foot in the water and one shoe on dry land.

CINEMA Nave's other passion, besides water. He has said that he cannot die without making a film. He is very fond of Allen, Anderson, Berlanga, Chaplin, Coppola, Eastwood, Haneke, Kubrick, Leone, Nolan, Scorsese, Shyamalan...

CZECH HEDGEHOGS Metal beams, with or without explosives, that stay upright even when tipped over.

D-DAY Like photos, Nave likes films where something happens, even if they are as old as *The Longest Day*, *The Guns of Navarone* and *The Dirty Dozen*.

DECISIVE MOMENT The imaginary line separating life and death that is crossed by the soldier on leaving the landing craft and treading the sand.

DEFENCES Even if they do not appear in Nave's photos, the beaches of the Atlantikwall were full of defences of every type: barbed wire, batteries of light and heavy artillery, blockhouses, minefields, casemates, Czech hedgehogs, underwater stakes, *Hemmkurvenhindernis*, machine-gun nests, sniper pits, Belgian gates, tetrahedra, trenches and so on.

DESERT ISLAND He thinks Robert Zemeckis's film *Cast Away* is the perfect movie for explaining how insignificant we are.

DOCUMENTARIES Nave found images in them as real as fictional ones.

DOCUMENTARY PHOTOGRAPHY He has never given it up. Nave has continued to apply its rules in places where emotional things have happened, such as murders, battles and fires.

DREAM One night, Nave had a revelation on how to do his work. He simply had to take his cameras and make his way along the five beaches of the landing. No notice was to be taken of the festivals and

HORACIO FERNÁNDEZ

El respeto que nos suscitan las ruinas tiene que ver tanto con lo que se ve como con lo que no se ve. Son como las cicatrices en el cuerpo: lo que contemplamos, esa piel tersa y rasgada, contiene la historia de una herida que, a su vez, fue el testimonio de un acontecimiento en nuestra vida. La ruina es una huella y un testimonio. Allí fue edificado algo, allí cayó, allí actuó el hombre, antes de que actuaran, de nuevo, la naturaleza y el tiempo. No podemos observar un paisaje con ruinas como observaríamos un paisaje virgen porque en este buscamos una pureza inexplorada y en aquel encontramos rastros de la exploración humana de la vida, con sus creaciones y destrucciones. Eso lo reconocieron pronto la literatura y la pintura, y, en los dos últimos siglos, la fotografía y el cine.

El magnífico friso de Eduardo Nave da cuenta exacta de la turbulenta dignidad del rastro. Su paseo por la luz de Normandía es memorable. Para mí, como alguien nacido en la orilla del Mediterráneo, con sus colores sensorialmente tan contrastados, la luz del Norte siempre tiene algo mágico, la promesa de una abstracción espiritual. De ahí el valor, revolucionario en su momento, de la pintura de Caspar David Friedrich con el que Nave está exquisitamente emparentado. La luz del Norte es especialmente difícil para un cazador de imágenes porque exige temple, sutileza y un activismo desenfrenado del *ojo interior*, el que mira el mundo desde dentro y hacia dentro.

He conocido pocos fotógrafos que demuestren tanta maestría en el diálogo con la luz del Norte como Eduardo Nave. Tengo la certidumbre de que su *ojo interior* está perfectamente educado para alcanzar esta misión compleja: la Normandía de Nave, con su vértigo inmóvil, es un paisaje espiritual. Cielo, mar, acantilados, breves siluetas humanas conforman una depurada meditación que cada espectador puede espejear a su manera.

Sin embargo, esta meditación, tan esencial en la pulcritud de sus formas, incluye necesariamente la huella de los acontecimientos humanos y, en este caso, del acontecimiento trágico de la guerra. La Normandía de Nave es la luz del Norte pero es, asimismo, la sangre y la violencia que han quedado atrapados en los pecios que recuerdan la batalla. No es el menor de los méritos de Nave haber sido capaz de integrar con tanta armonía la misteriosa inocencia del espacio con la tragicidad de un escenario en el que se ha representado el drama humano.

En la fotografía de Eduardo Nave lugar, luz y memoria confluyen para alimentar una poética sobresaliente.

The respect we feel for ruins has to do both with what is seen and what is not. They are like scars on the body. The terse, torn flesh we see contains the history of a wound that was itself a testimony to an event in our lives. The ruin is a trace and a testimony. There something was built, there it fell, there man acted before nature and time acted once more in their turn. We cannot view a landscape with ruins as we would view a virgin landscape, because in the latter case we are searching for unexplored purity while in the former we find traces of the human exploration of life, with its waves of creation and destruction. This received early acknowledgement from literature and painting, and in the last two centuries from photography and film.

Eduardo Nave's magnificent frieze encapsulates the turbulent dignity of the trace that has been left behind. His passage through the light of Normandy is a memorable one. For someone like me, born on the shore of the Mediterranean with its sensorially contrasted colours, the light of the North always has a magical quality, the promise of a spiritual abstraction. Hence the value of the painting of Caspar David Friedrich, revolutionary at the time, with which Nave's work is exquisitely related. The light of the North is especially difficult for someone on the hunt for images because it demands mettle, subtlety and the unfettered activity of the 'inner eye', the one which looks at the world from within and inwardly.

I have known few photographers who display such mastery in this dialogue with the light of the North as Eduardo Nave. I am certain that his *inner eye* is perfectly educated for the accomplishment of this complex mission. Nave's Normandy, with its immobile vertigo, is a spiritual landscape. Sky, sea, cliffs and brief human silhouettes make up a purified meditation that each viewer can mirror in his or her own way.

Nevertheless, this meditation, so essential in the beauty of its forms, necessarily includes the trace of human events, and in this case the tragic occurrence of war. Nave's Normandy is the light of the North, but it is also the blood and violence trapped in the wreckage that recalls the battle. Not the least of Nave's merits is his ability to integrate the mysterious innocence of the space so harmoniously with the tragedy of a setting where the human drama has been played out.

In the photography of Eduardo Nave, light and memory converge to nourish extraordinary poetics.

RAFAEL ARGULLOL

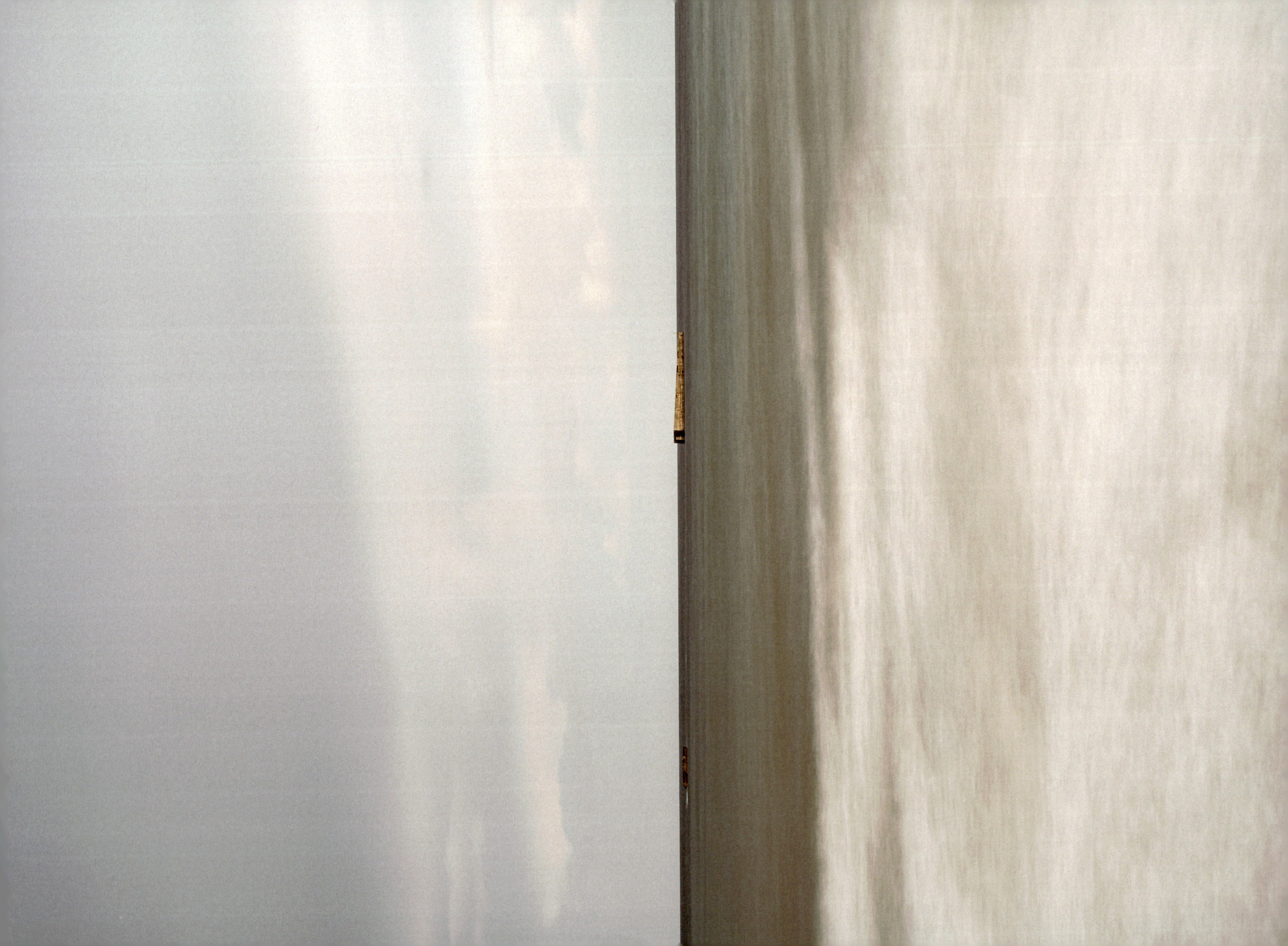

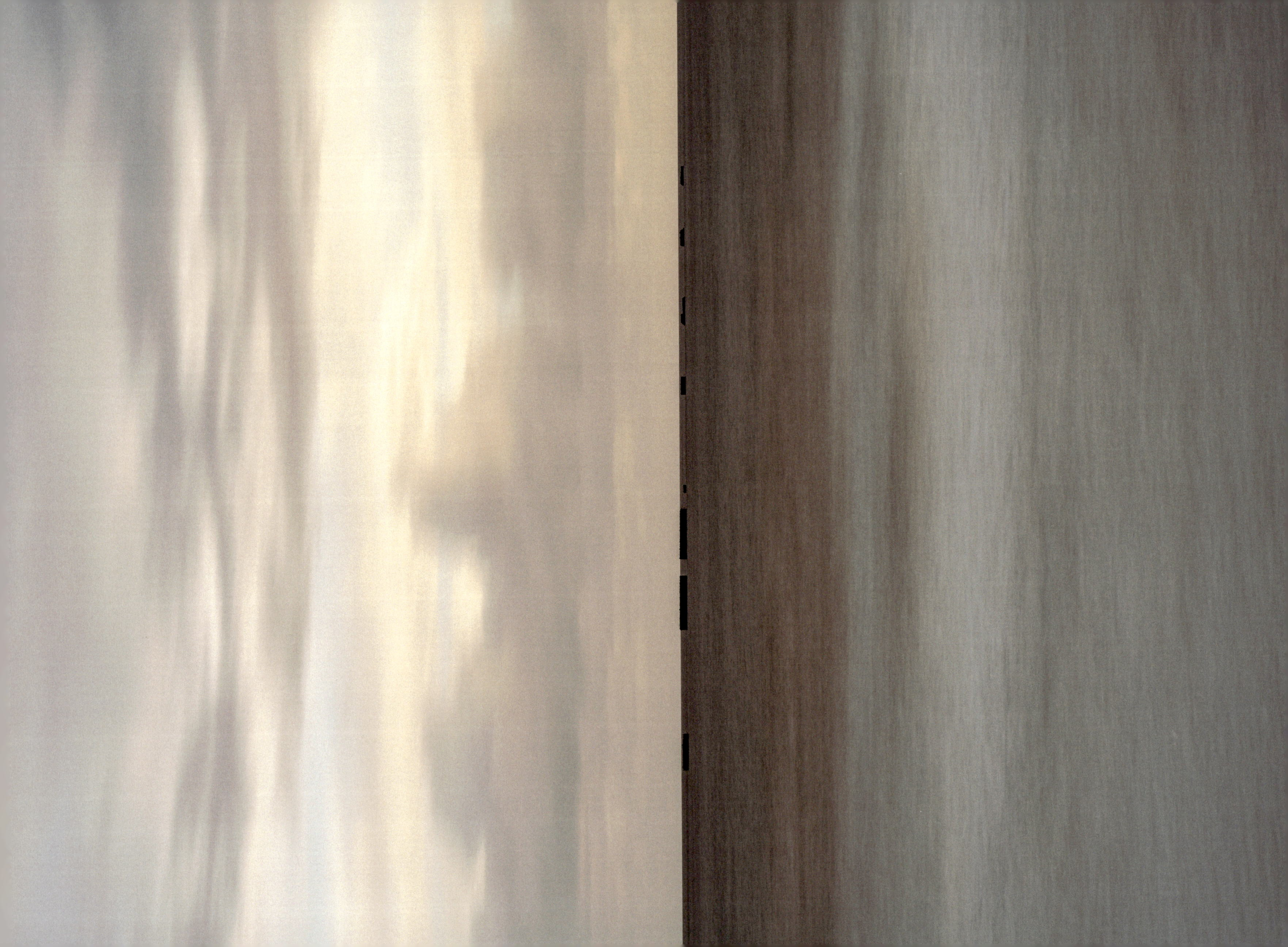

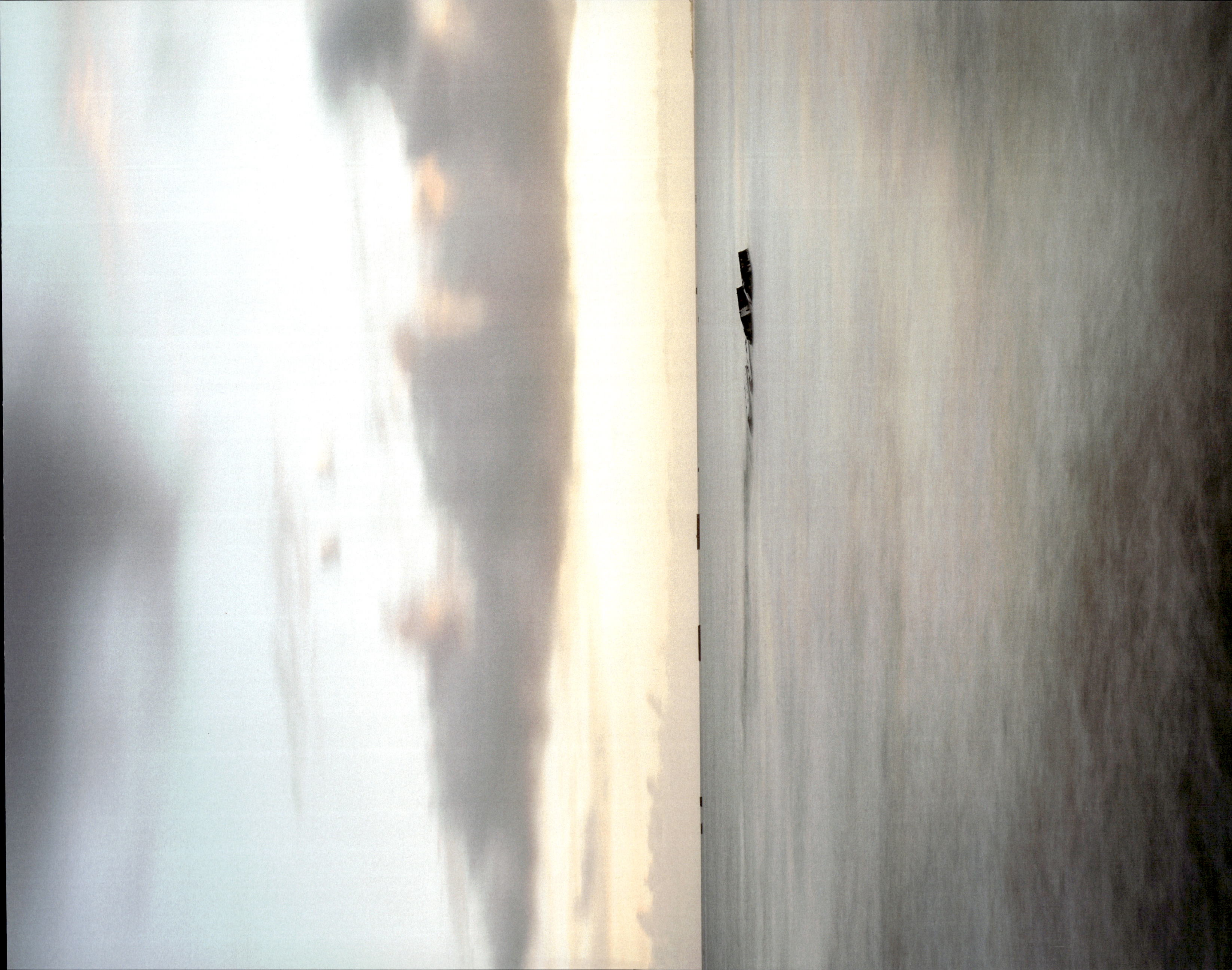

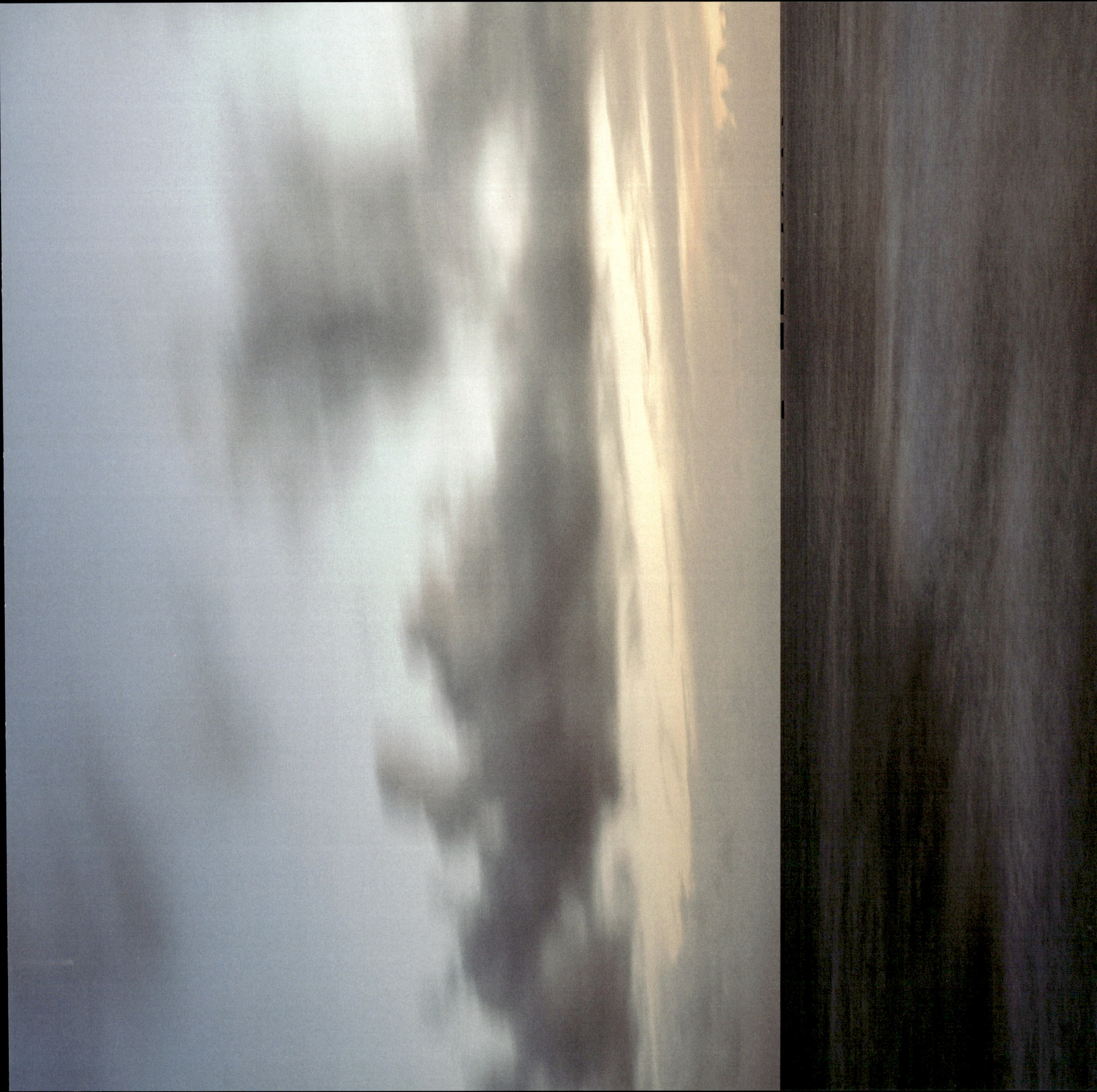

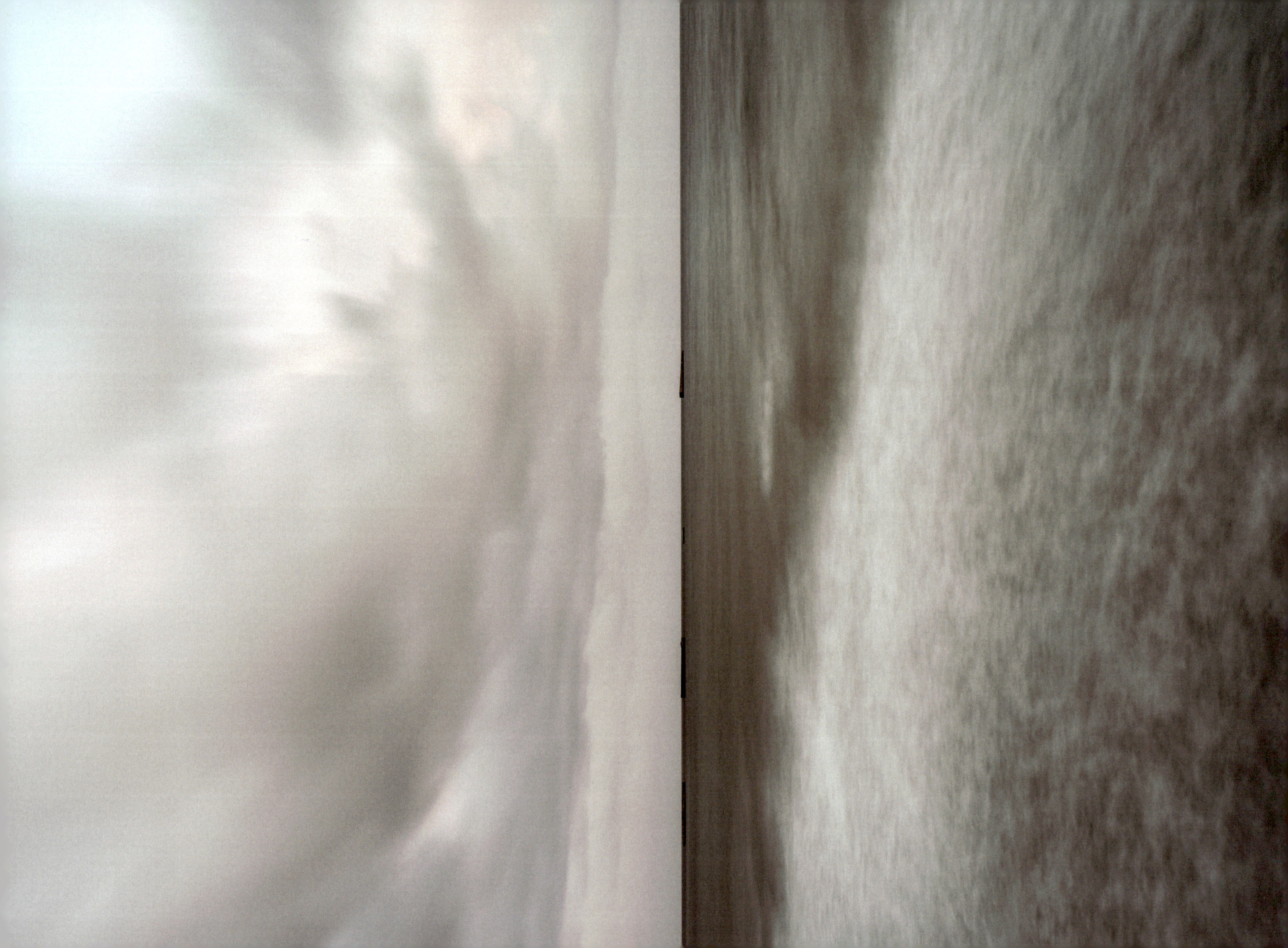

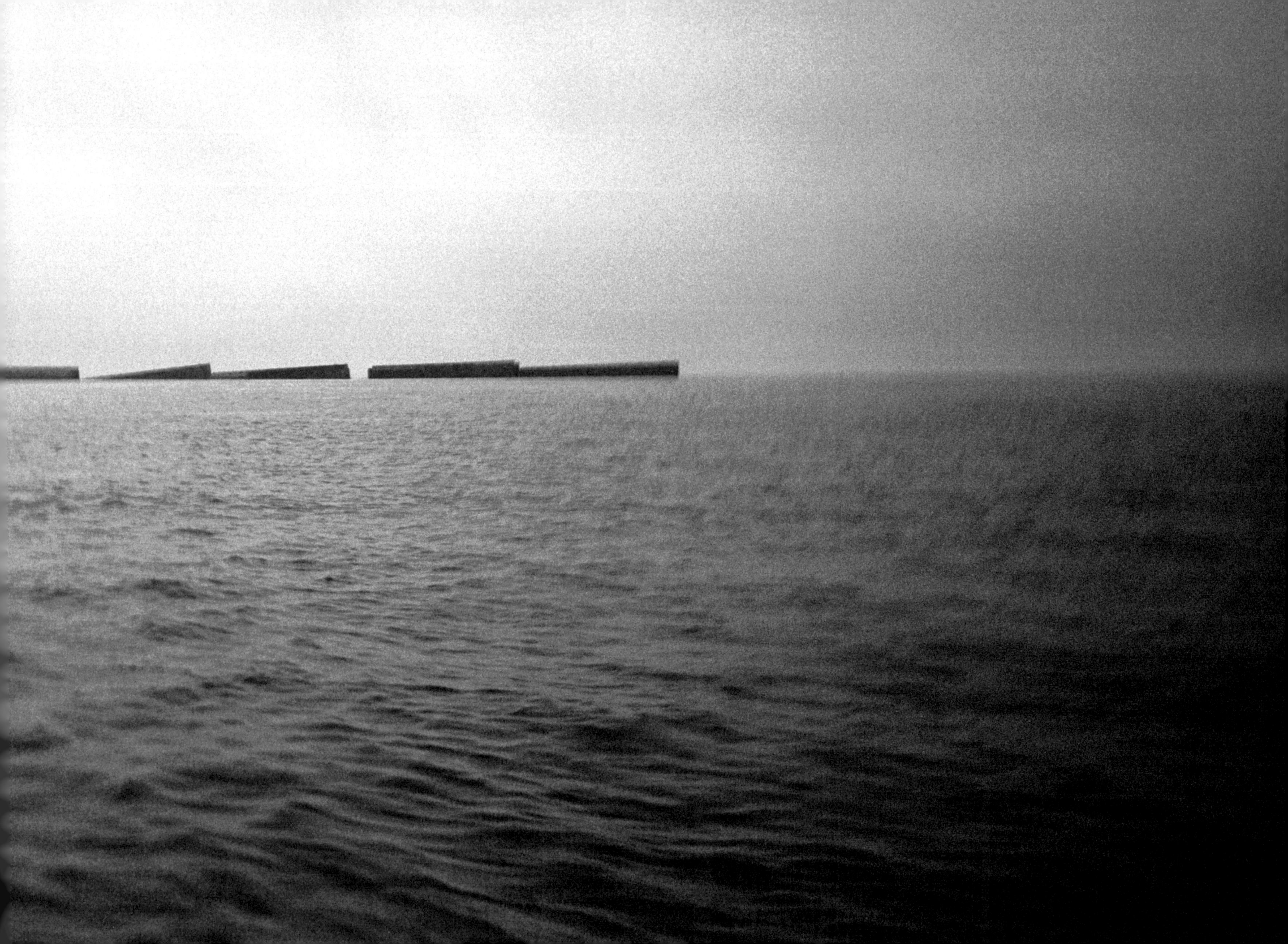

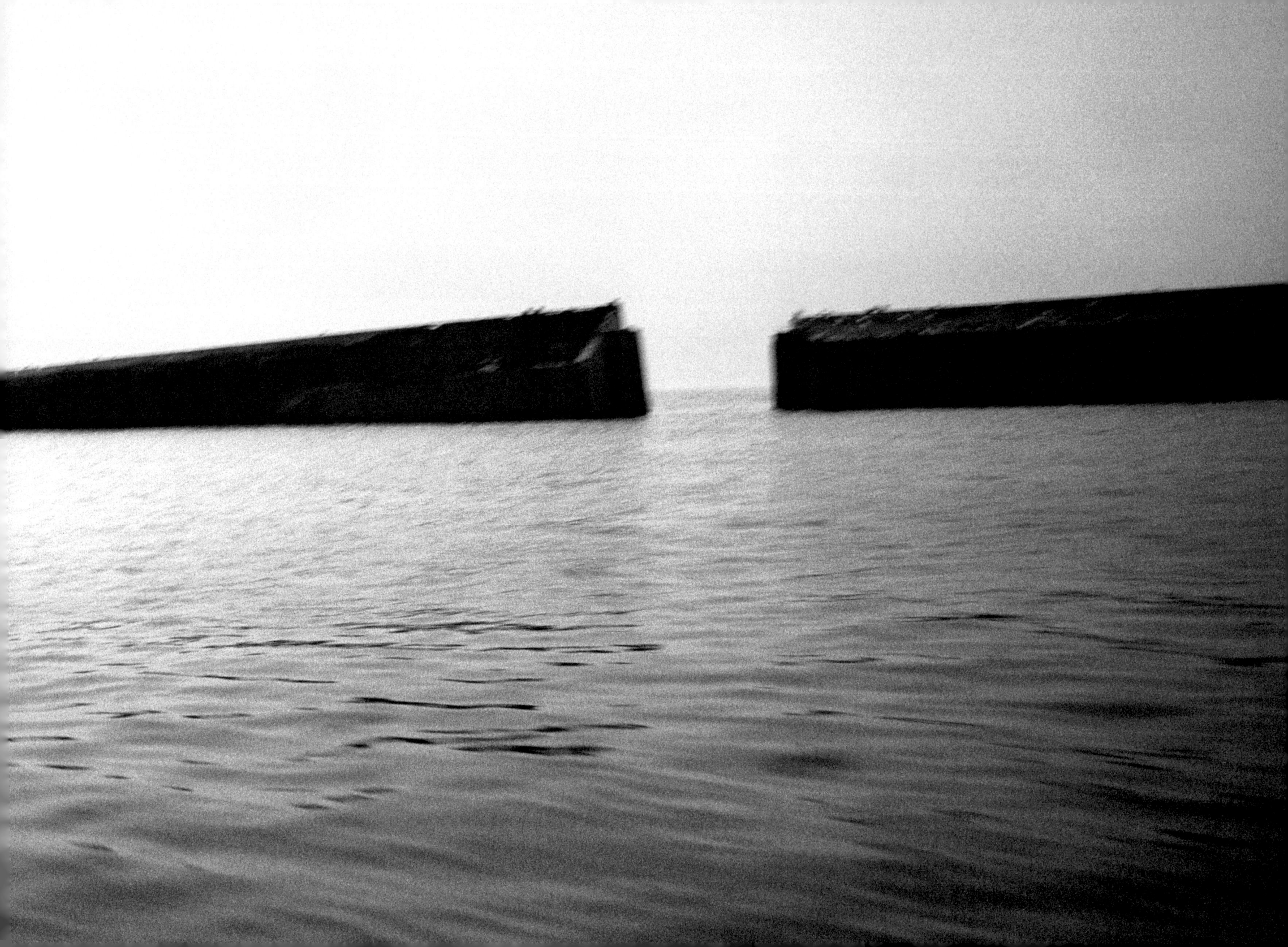

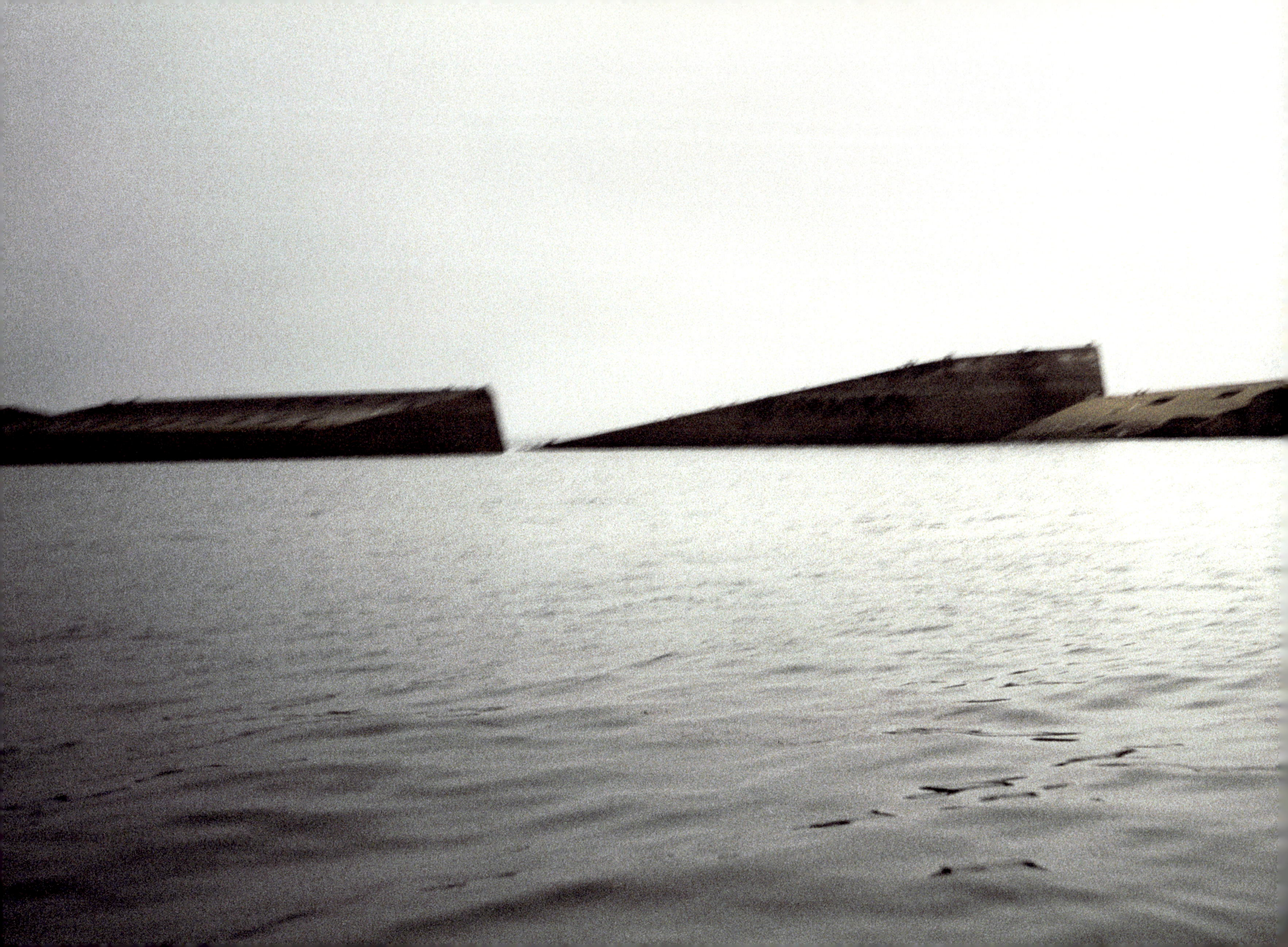

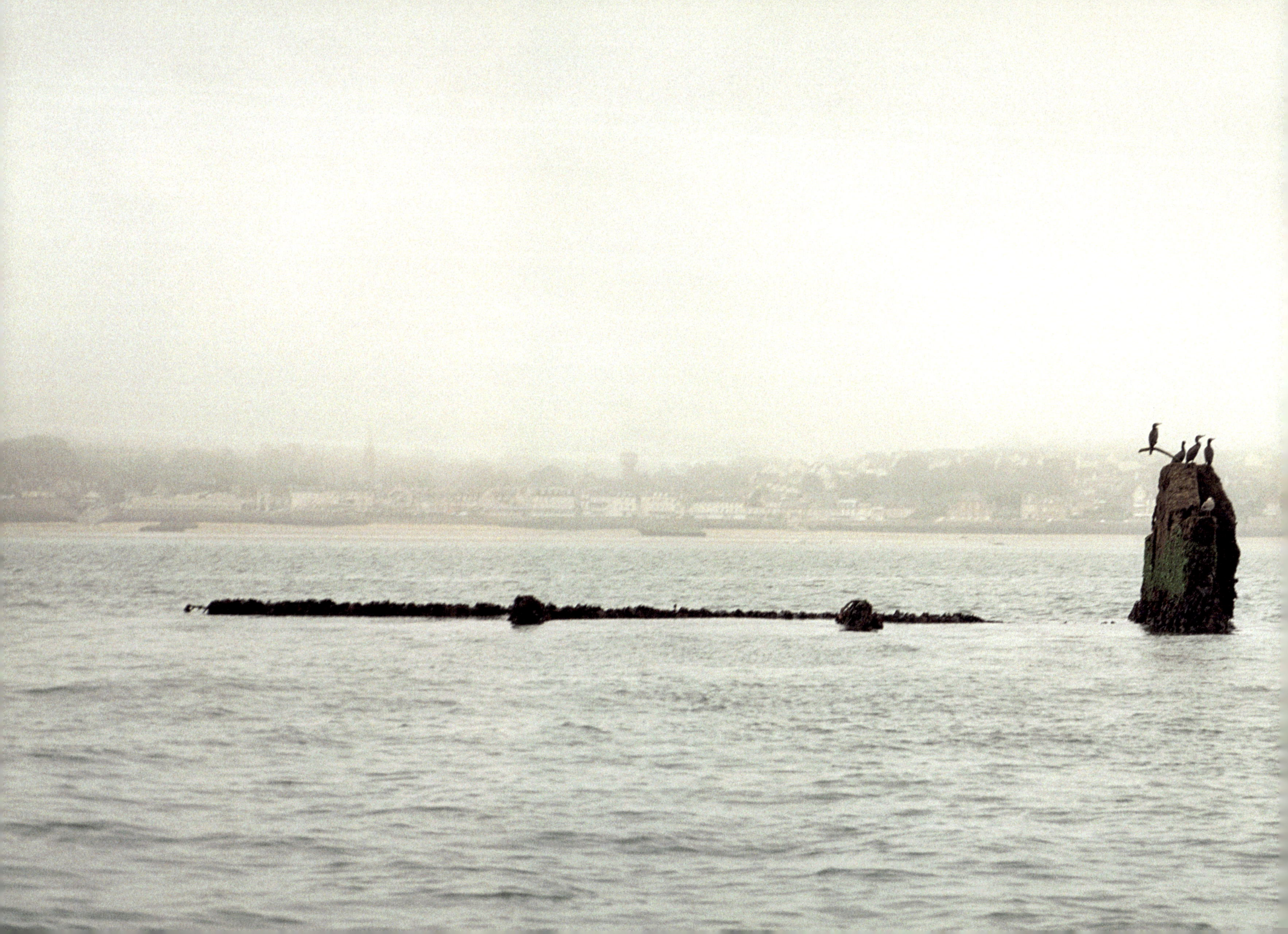

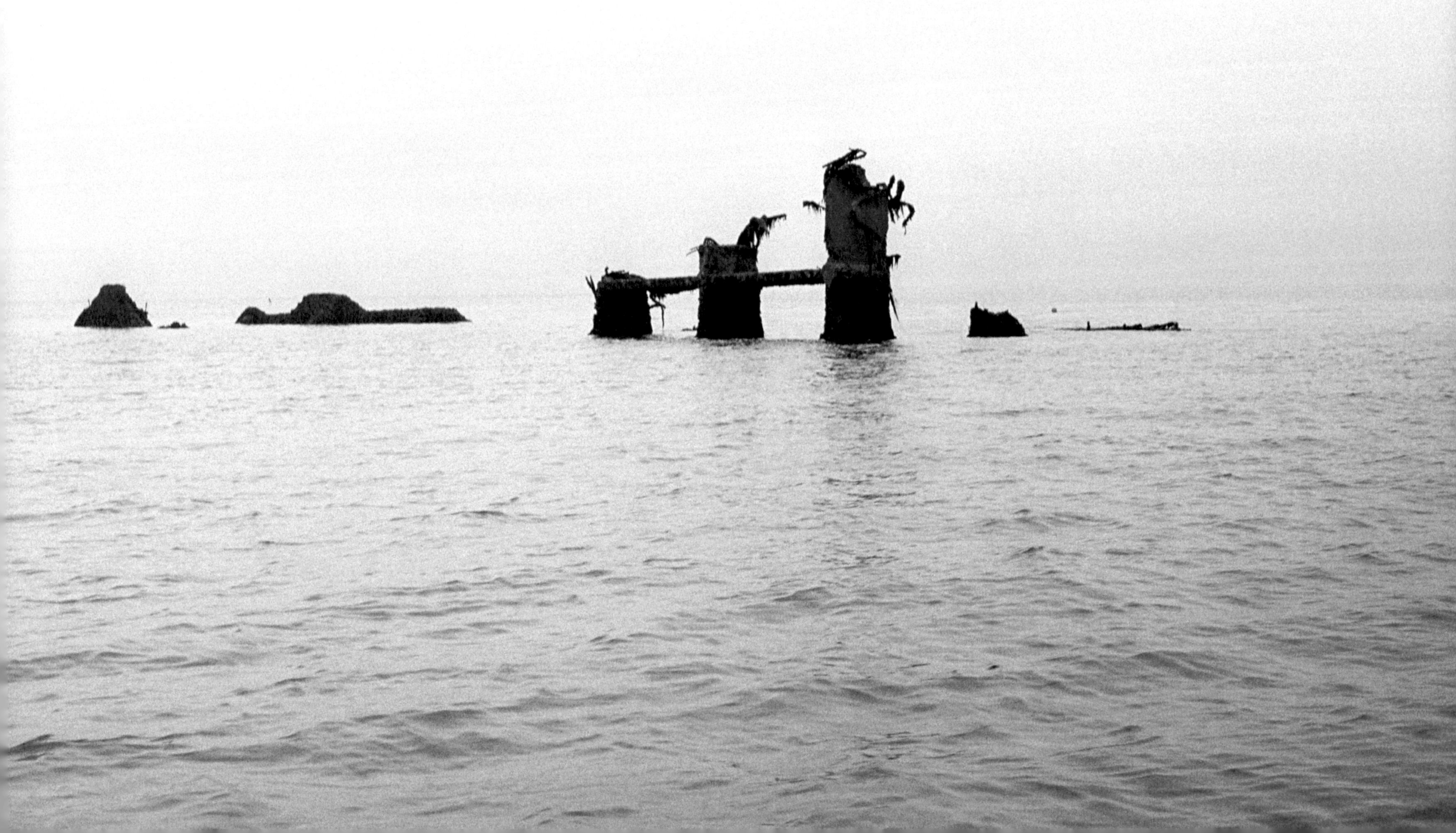

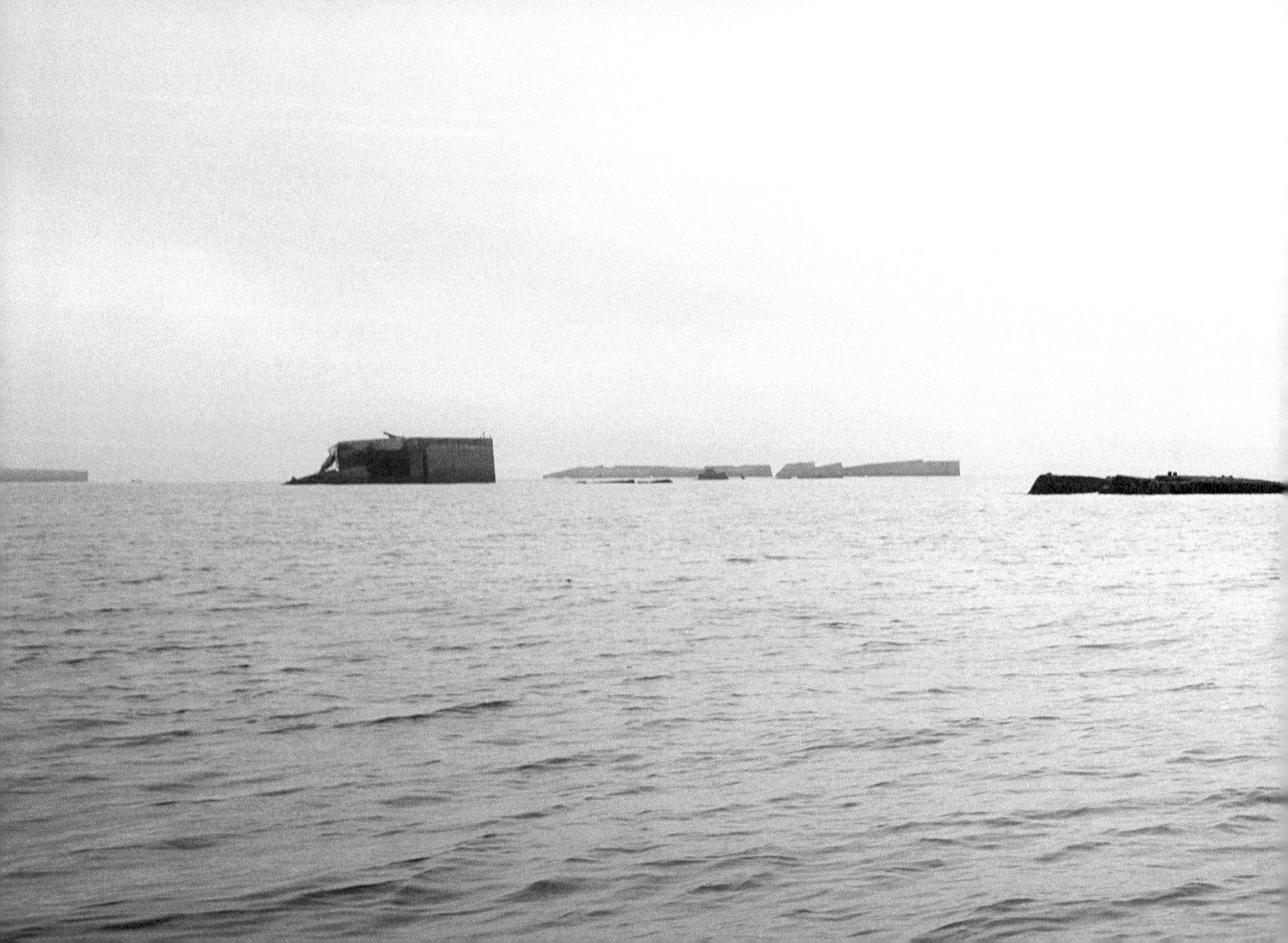

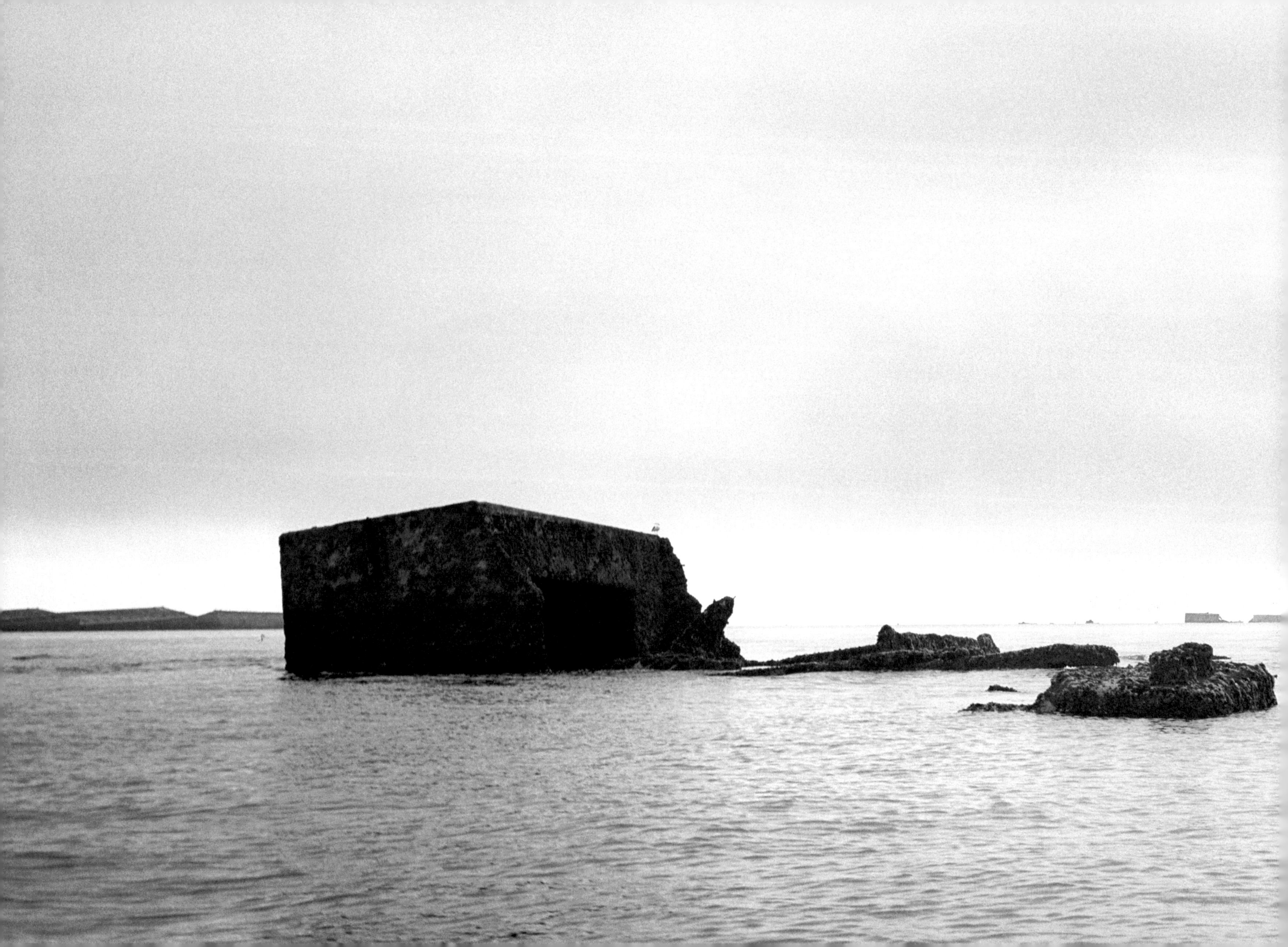

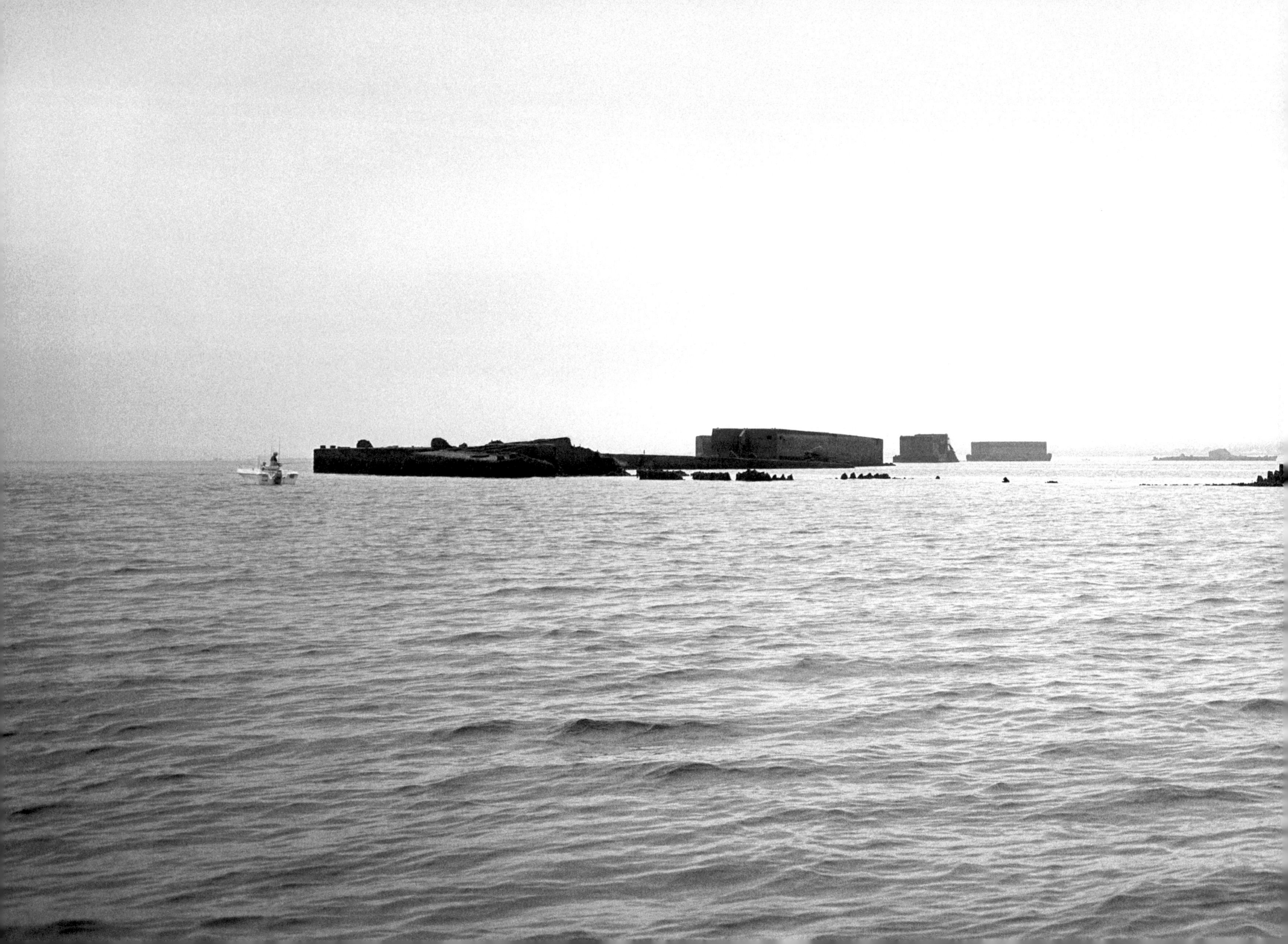

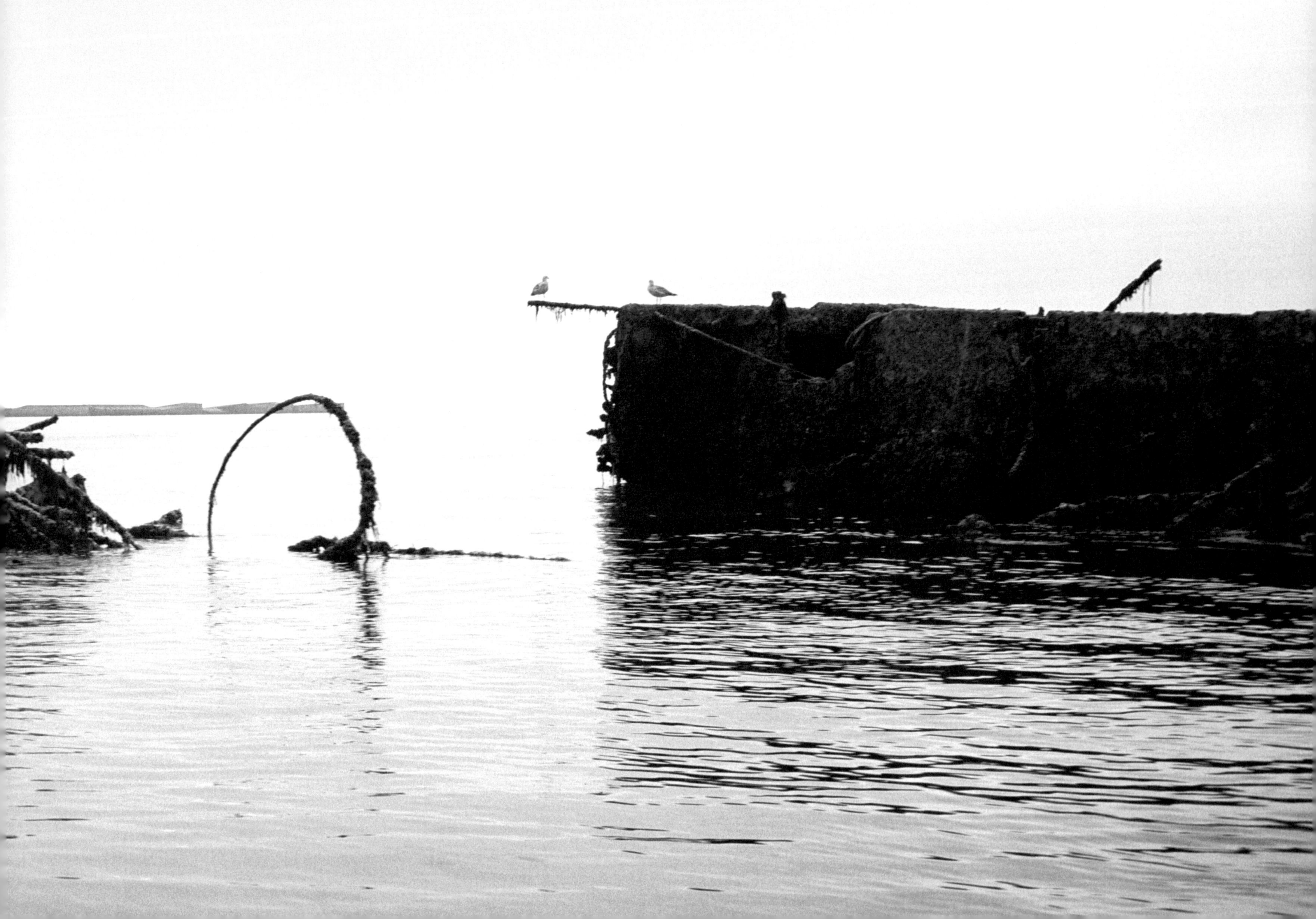

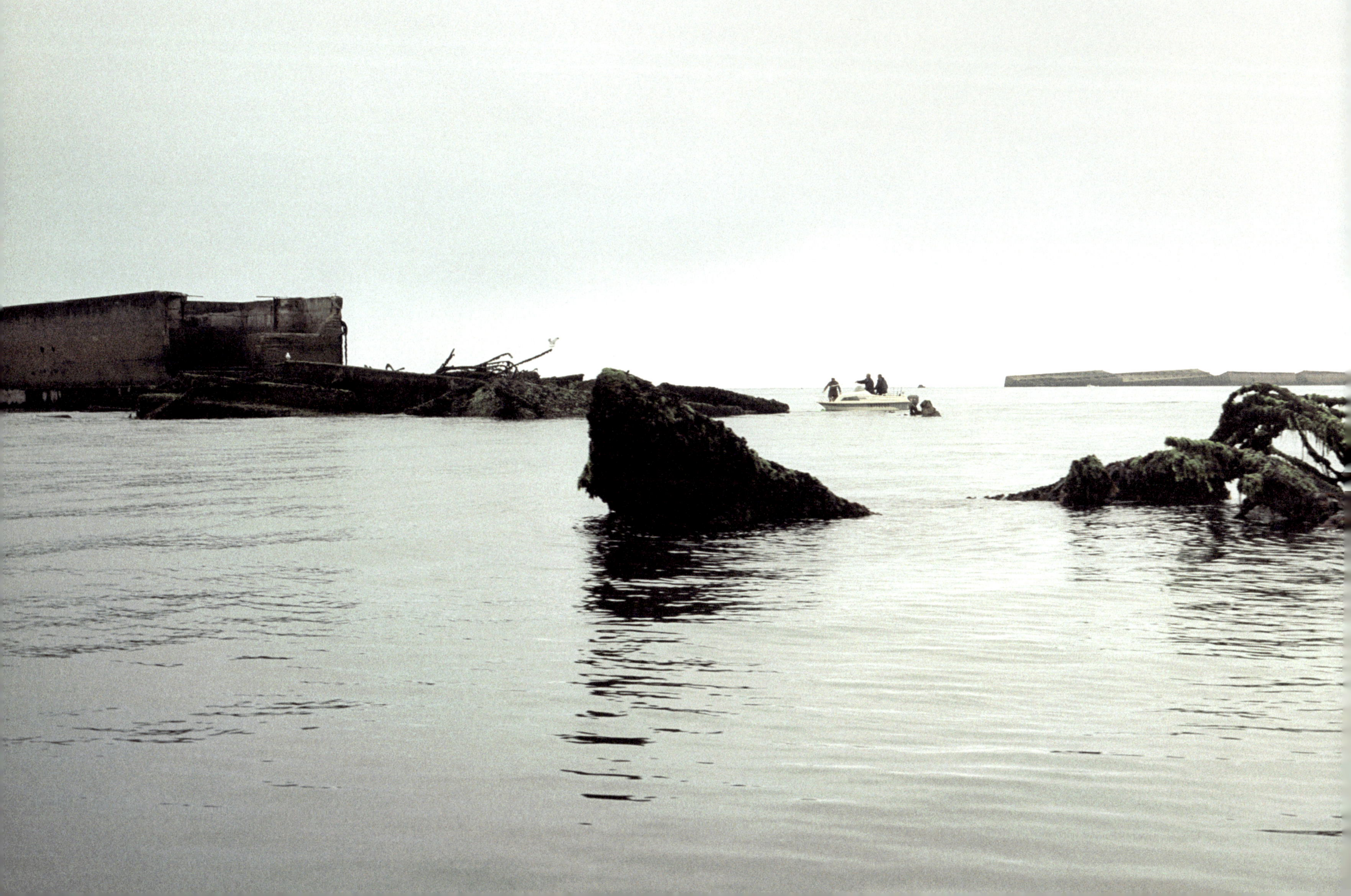

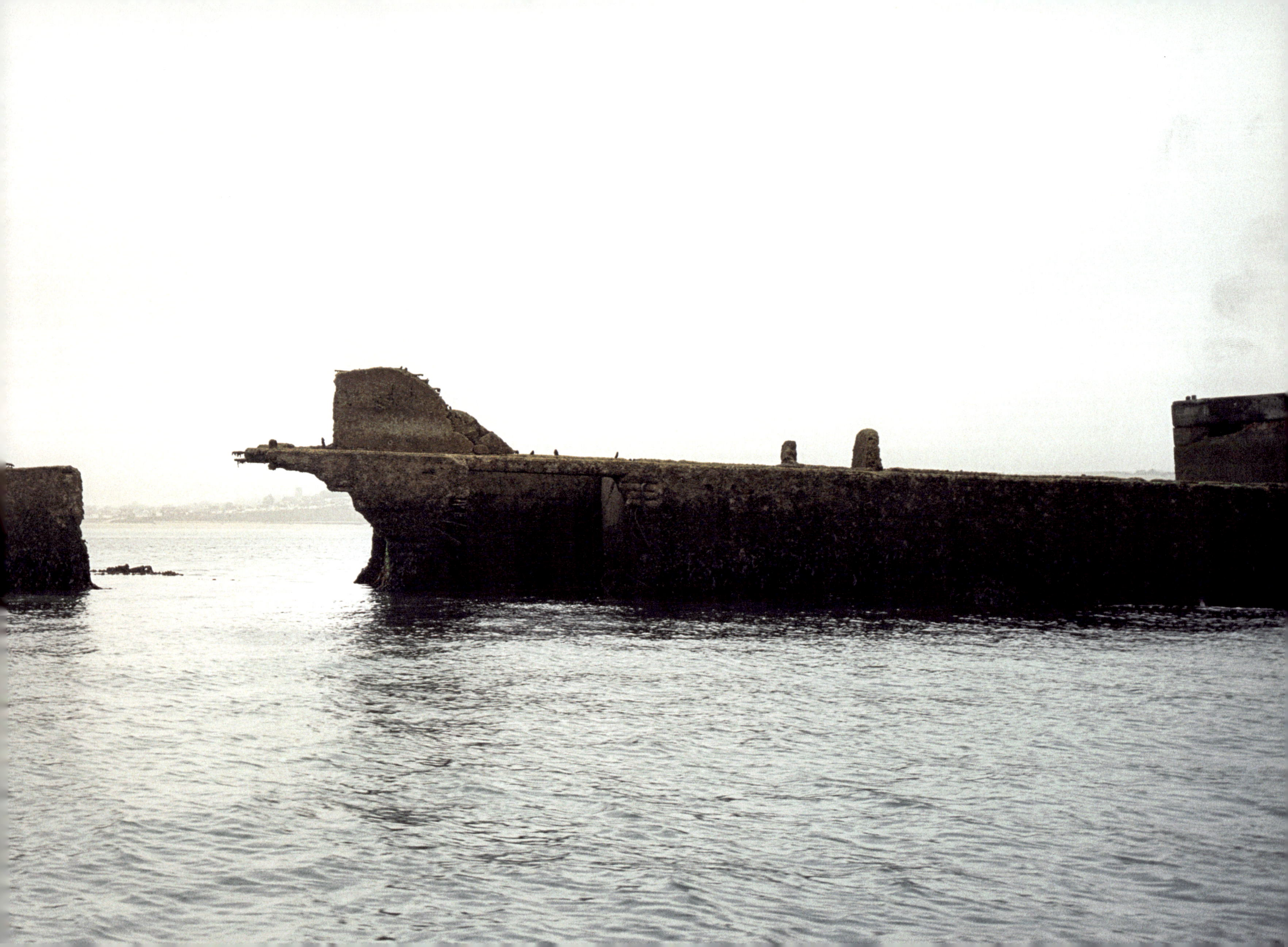

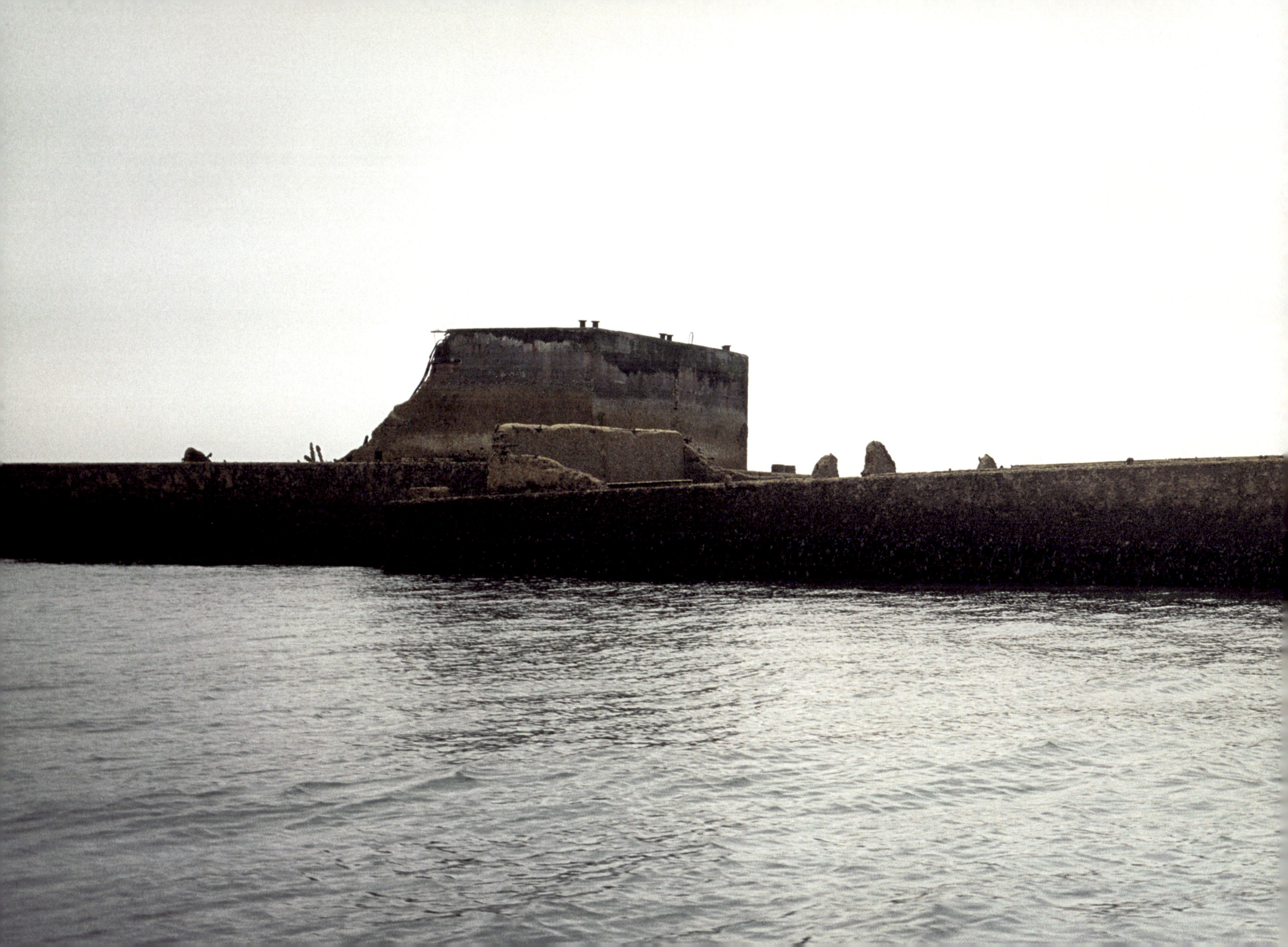

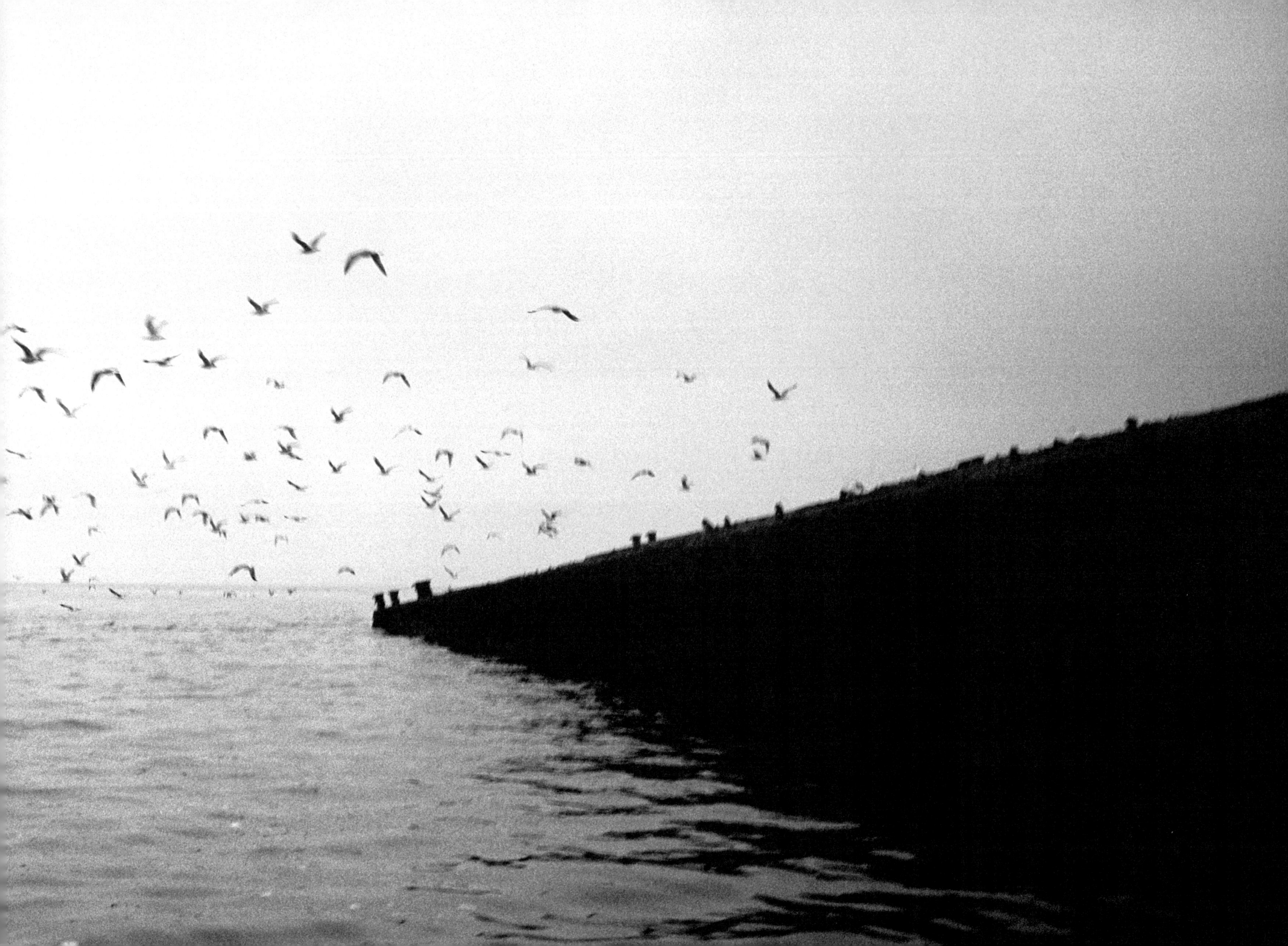

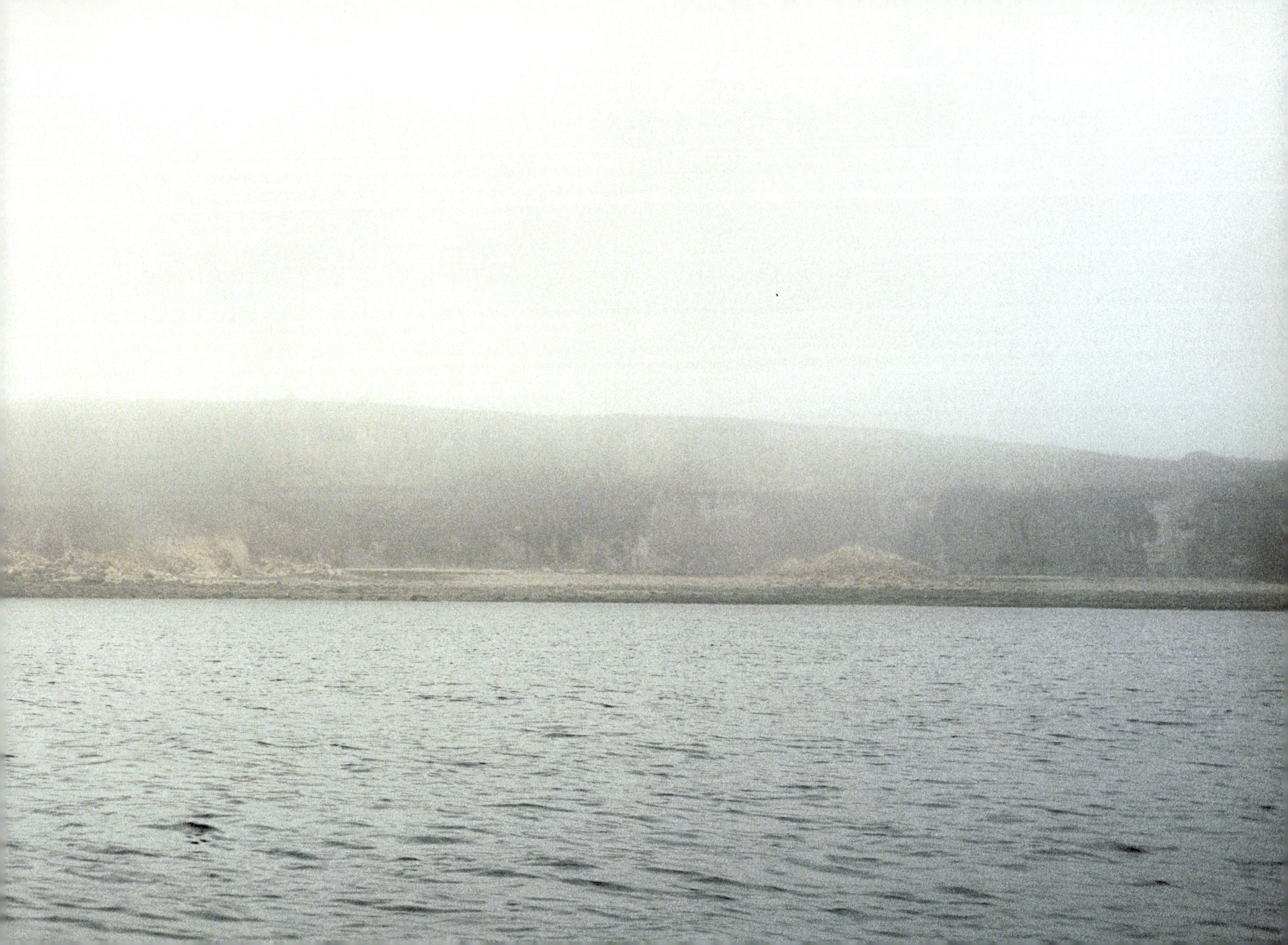

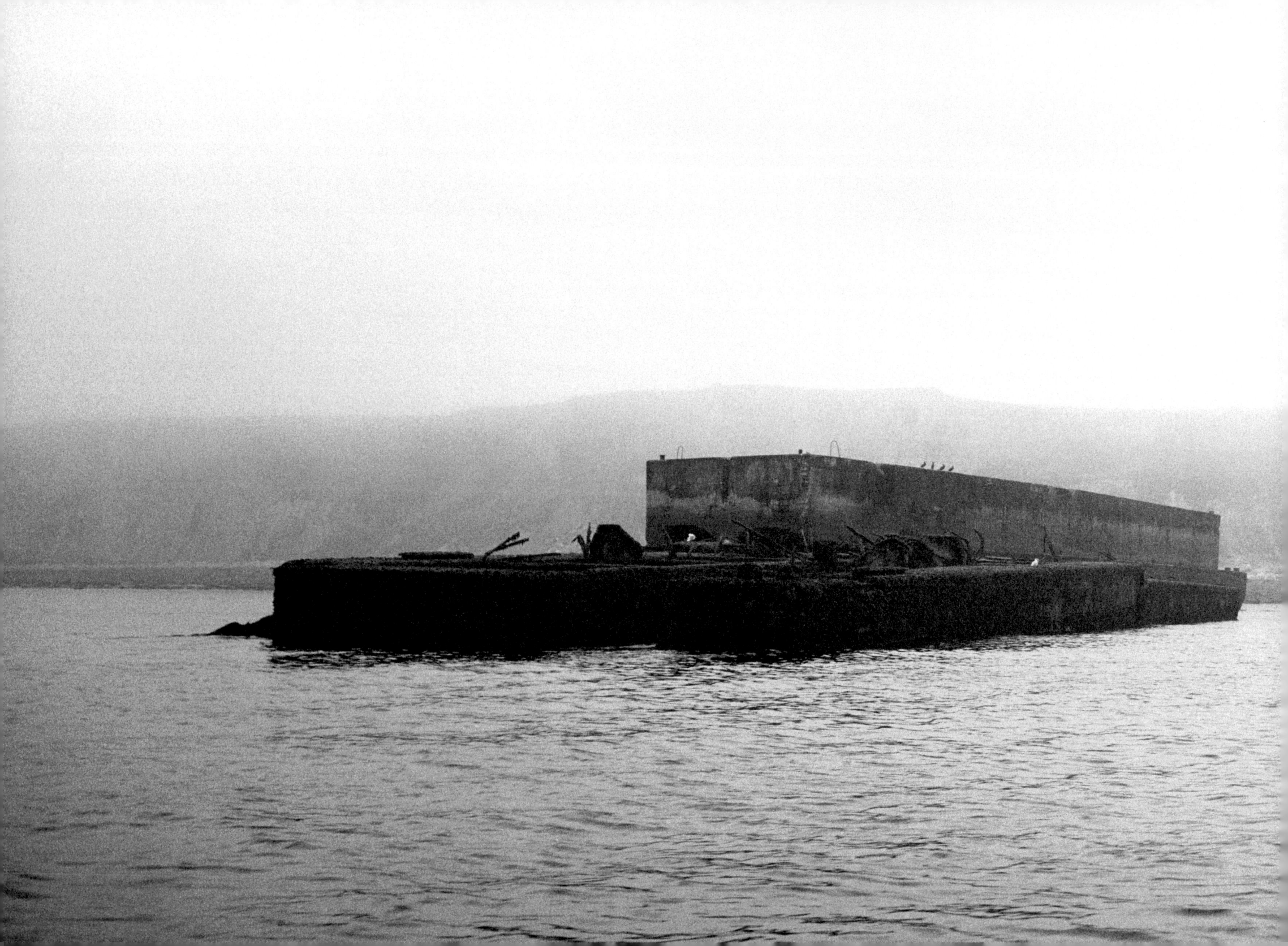

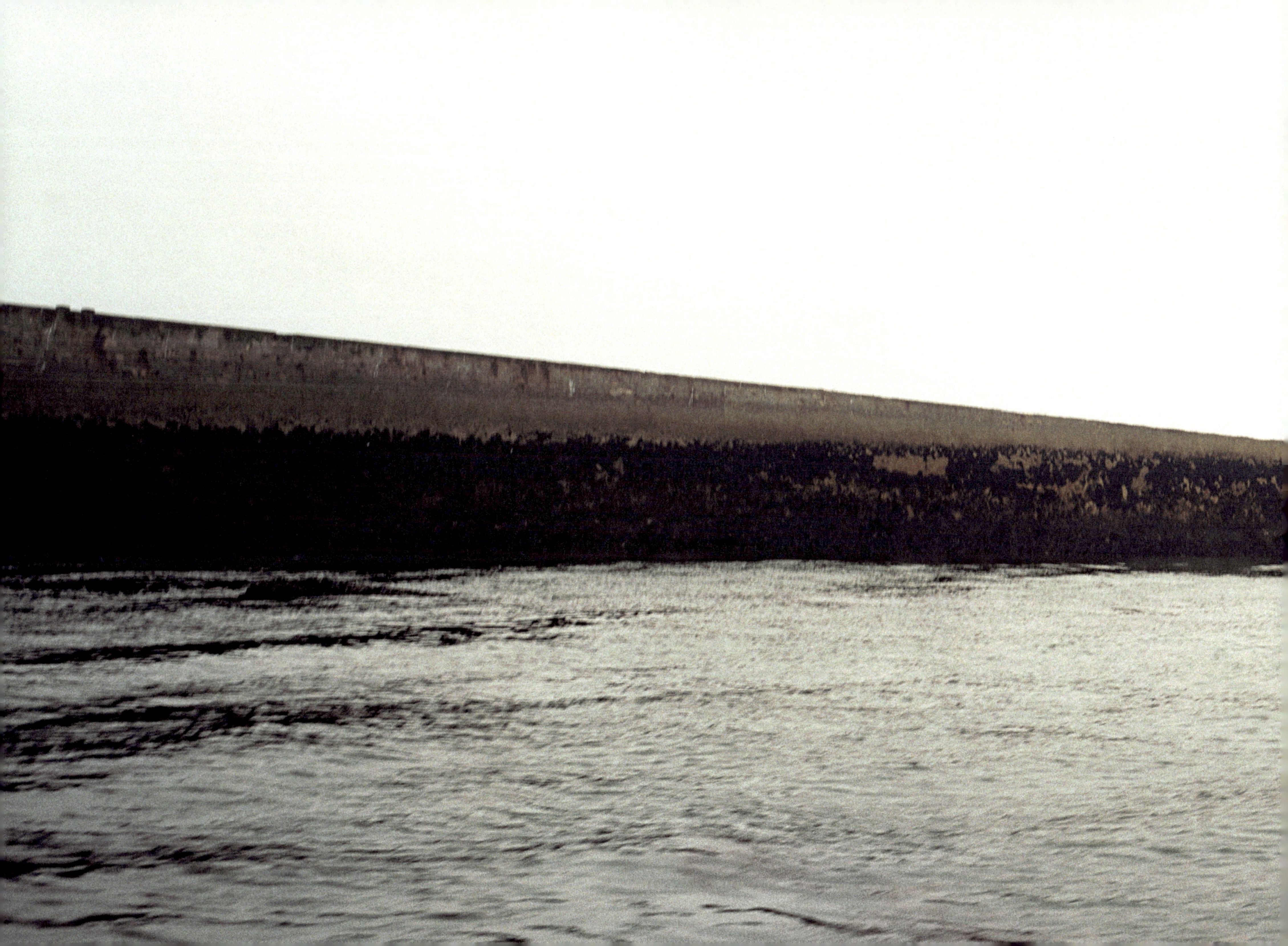

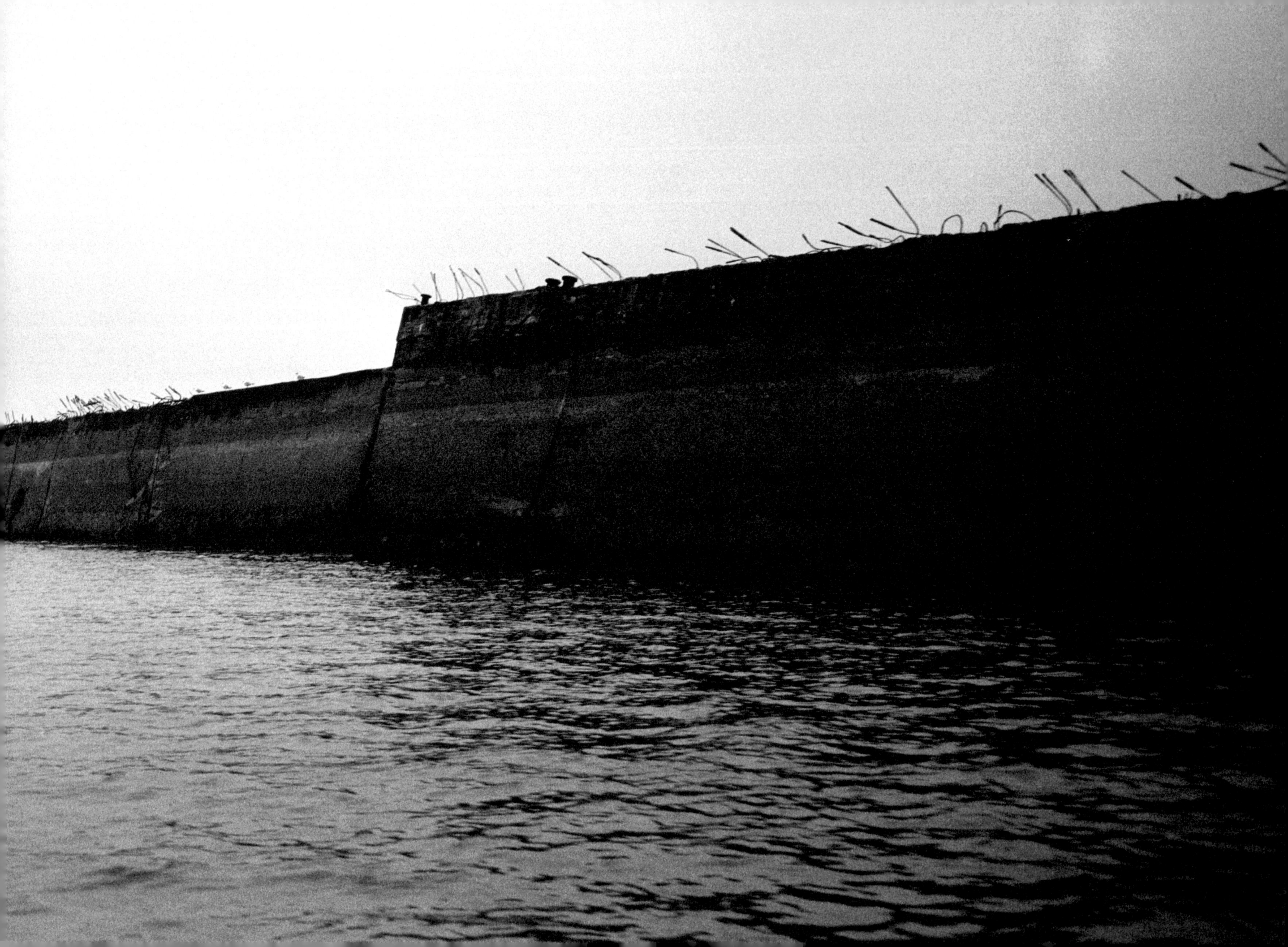

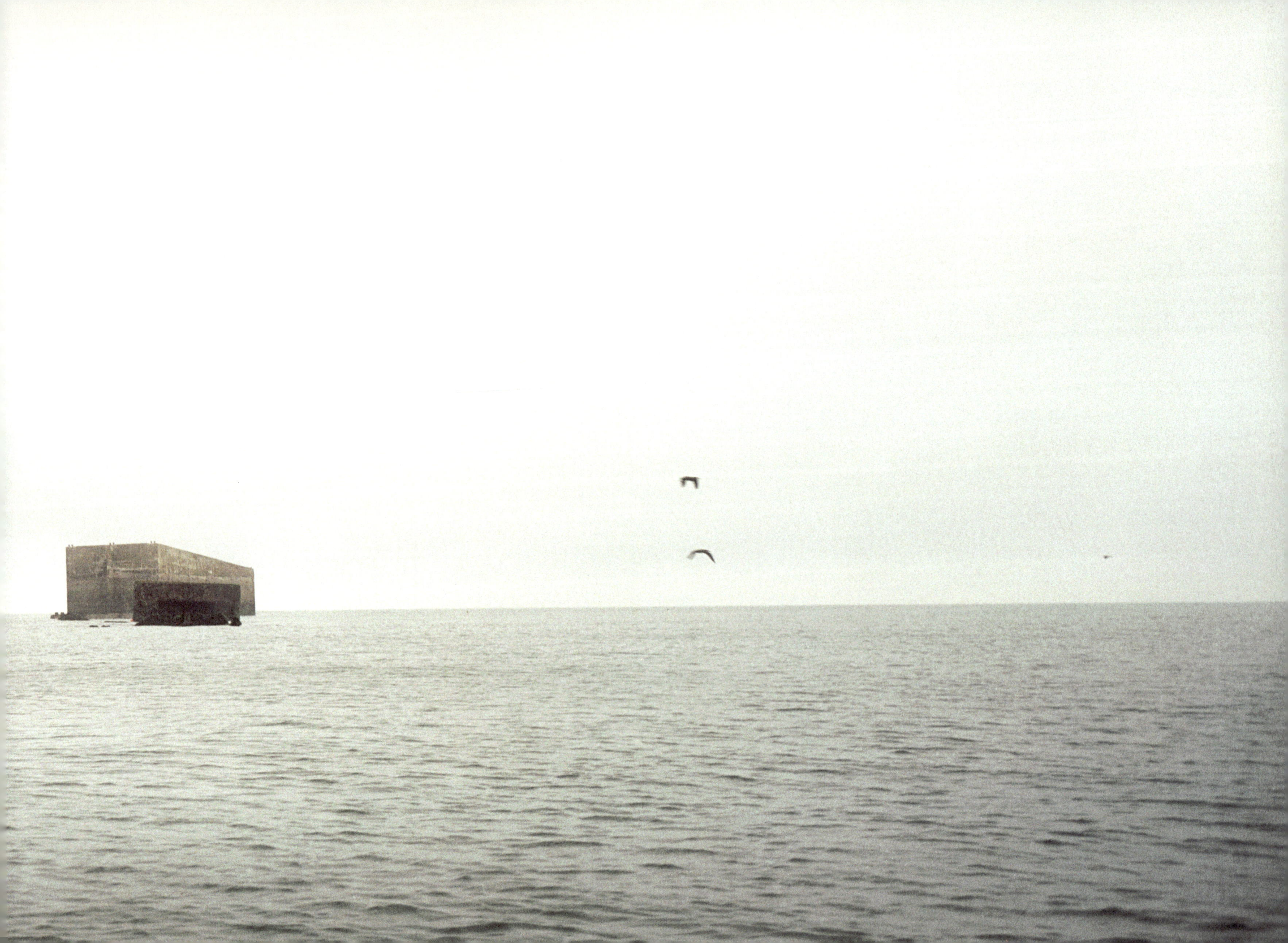

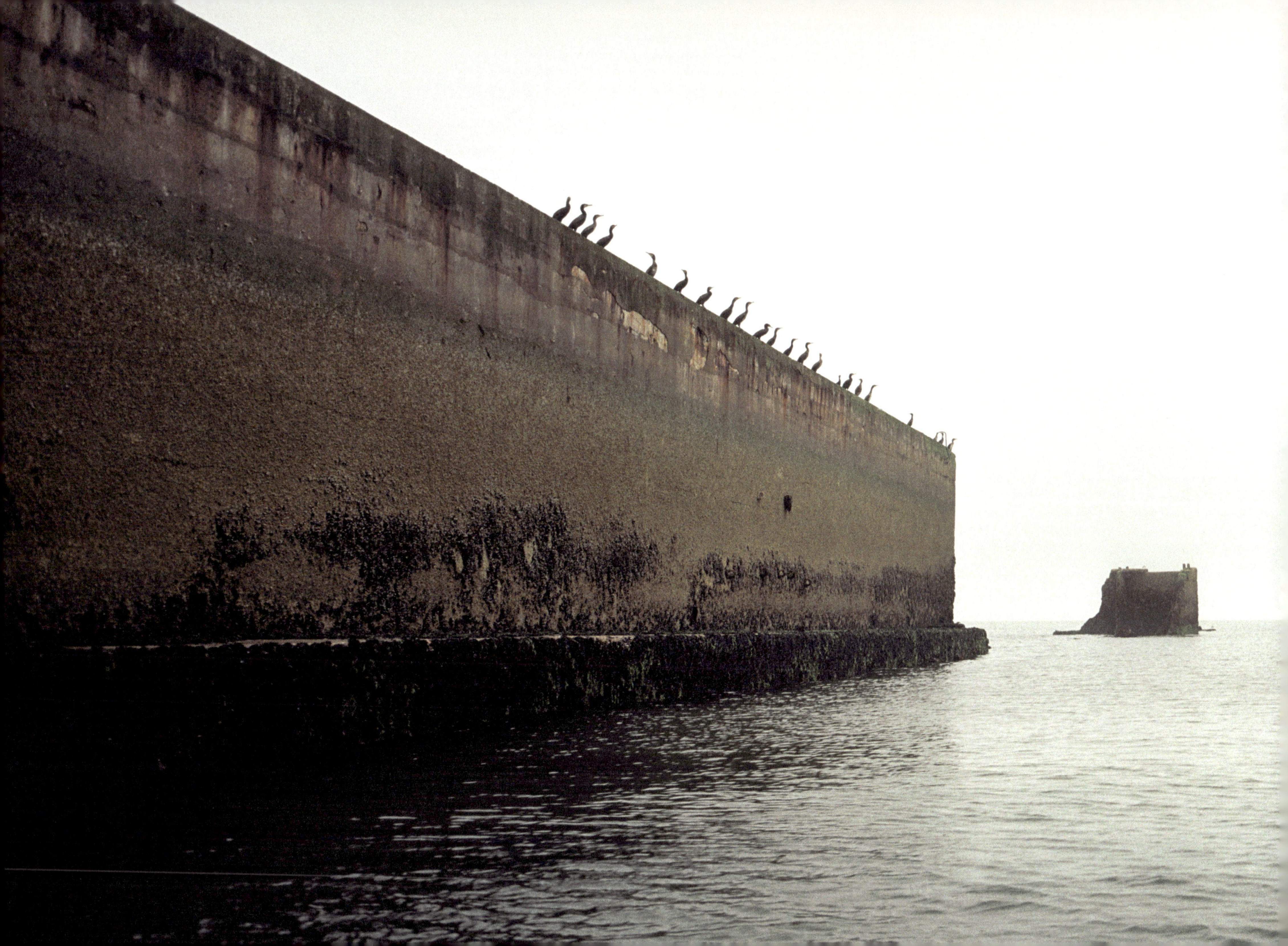

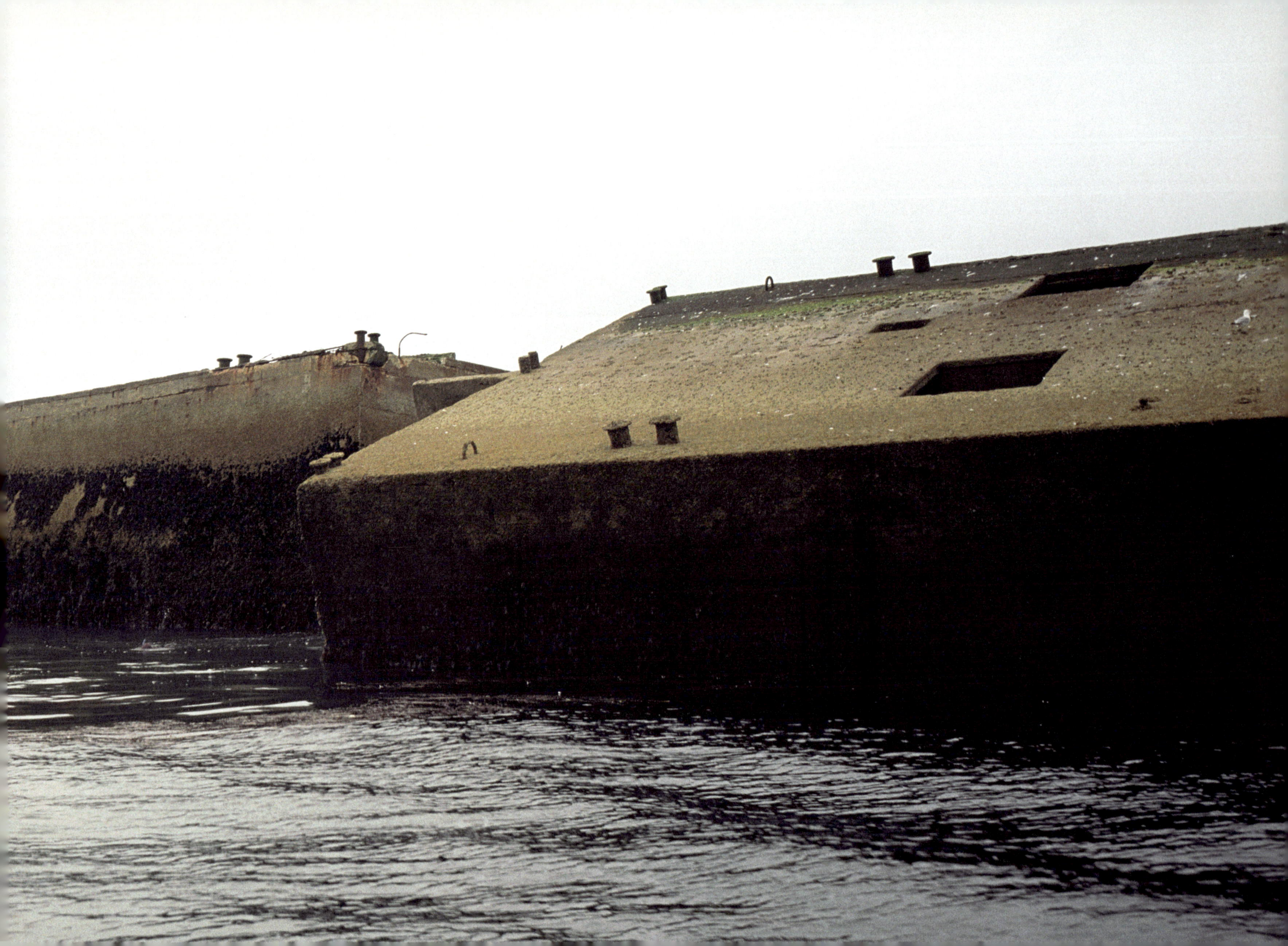

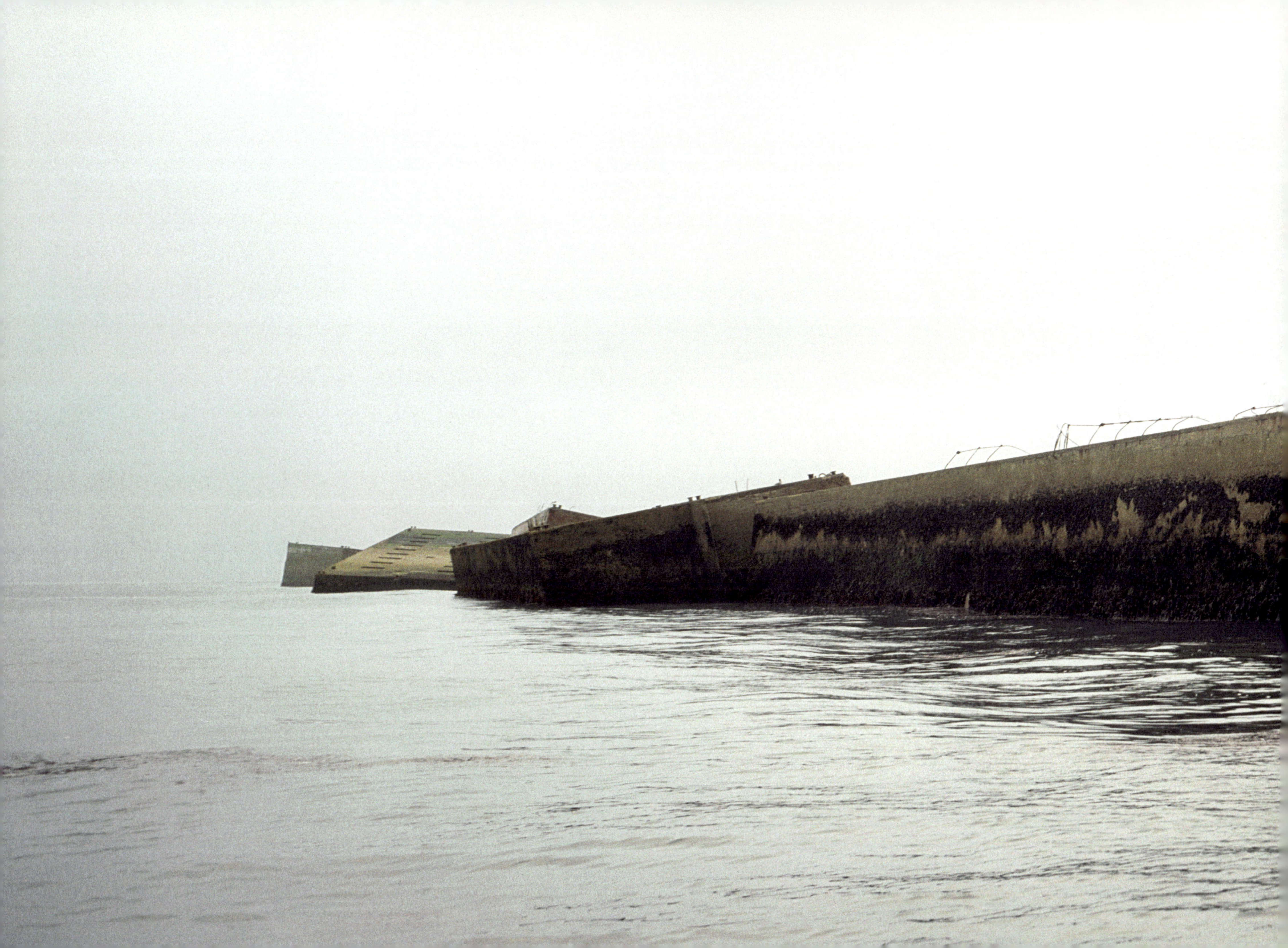

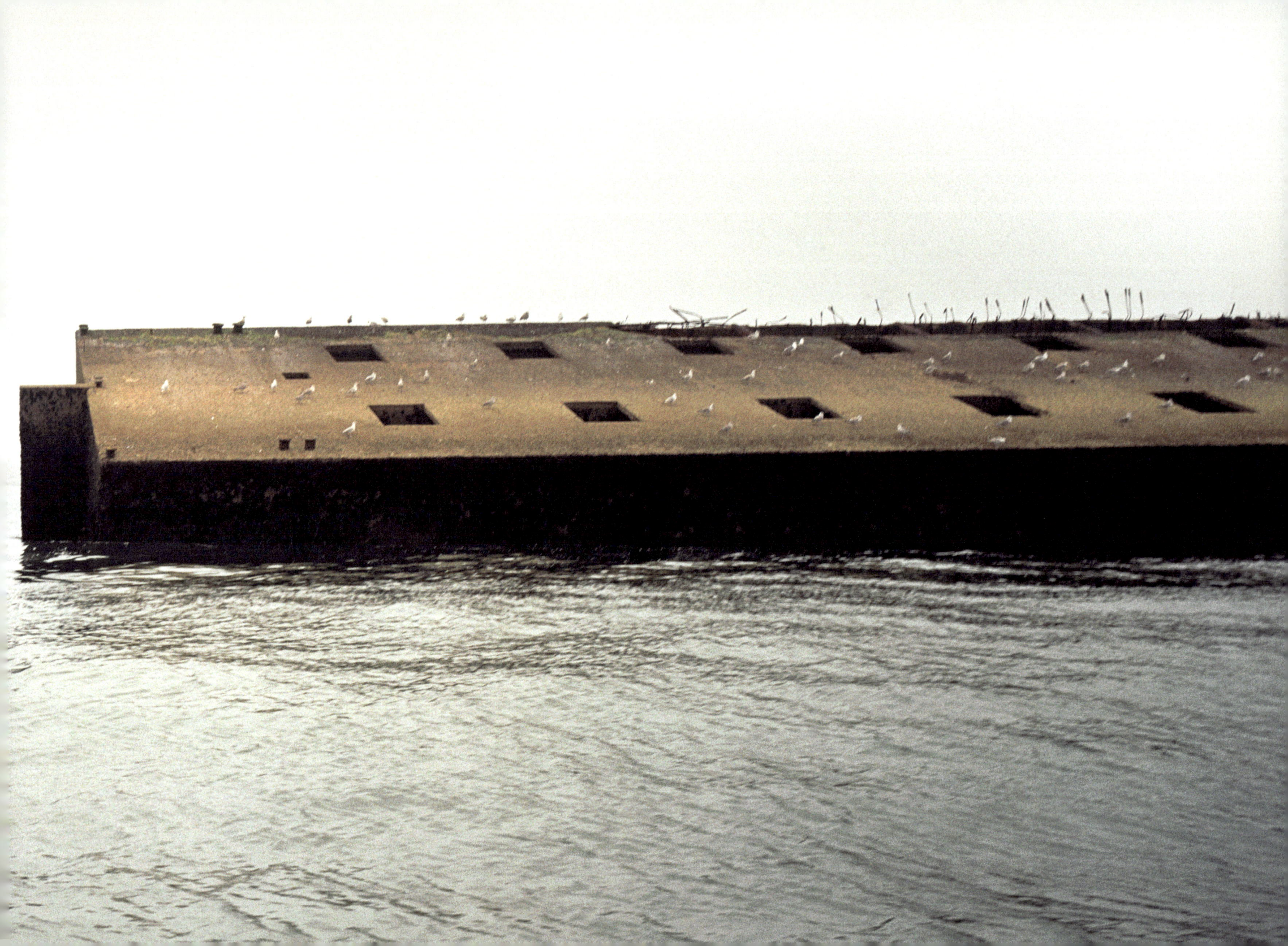

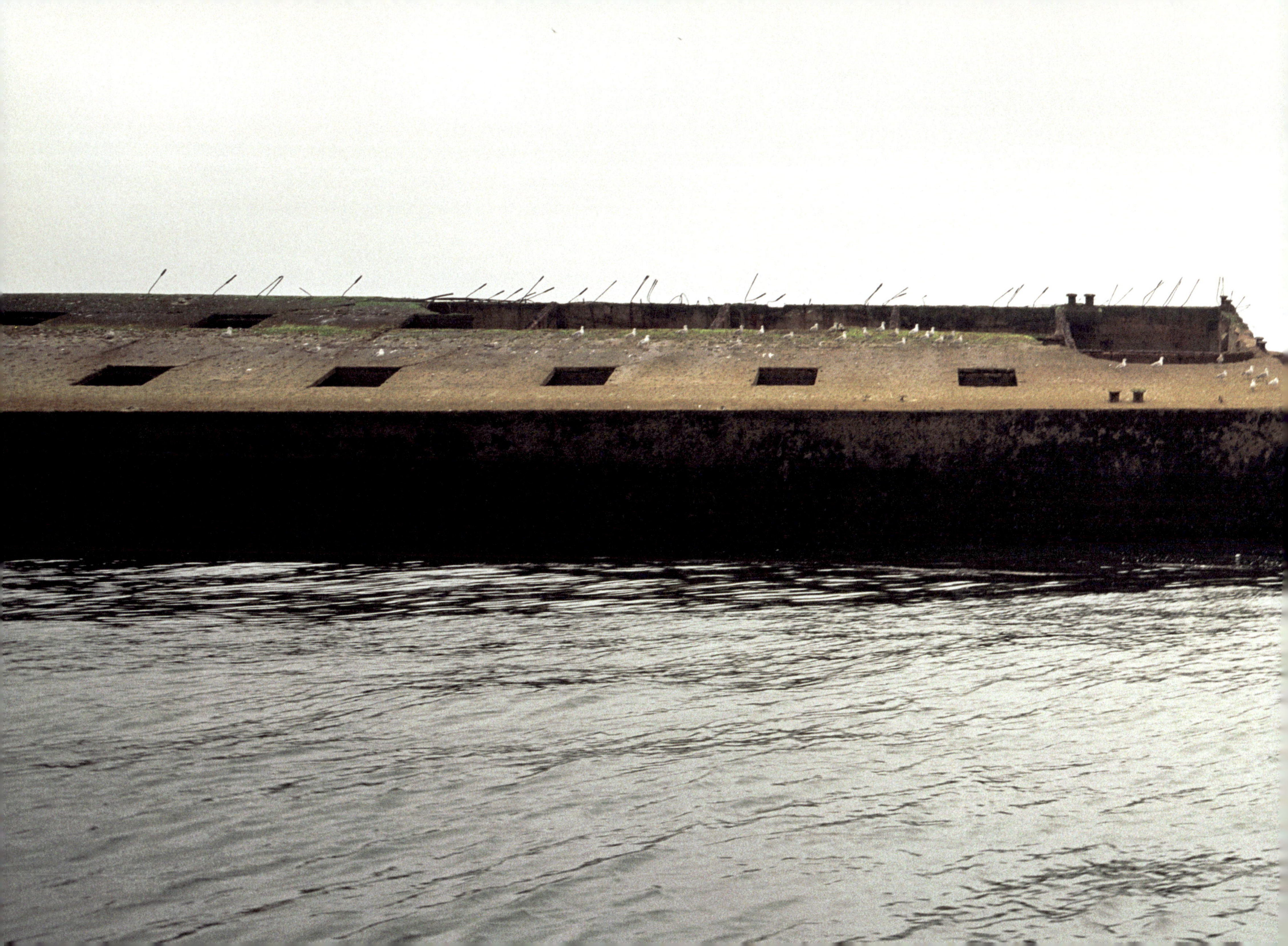

Tres días después del Día D, dos puertos artificiales con nombre en clave, Mulberry A y B, fueron remolcados a 5 millas por hora a través del Canal de la Mancha y ensamblados en las playas de Omaha y Arromanches. El Mulberry de Omaha fue destruido el 19 de junio a causa de una gran tormenta. Sin embargo, el Mulberry de Arromanches, conocido como Puerto Winston y diseñado para tres meses, fue utilizado durante ocho.

Cien días después del Día D, a través de este puerto habían llegado 2,5 millones de hombres, 500.000 vehículos y 4 millones de toneladas de suministros, necesarios para sostener la Operación Overlord y abastecer a las fuerzas aliadas a lo largo de toda Francia en su camino a Berlín.

Puerto Winston perdura como uno de los mejores ejemplos de la ingeniería militar en la historia.

Los restos del Desembarco, cada vez más arruinados, son presencias intangibles y perturbadoras de lo que una vez sucedió allí.

Three days after D-Day, two artificial harbours codenamed Mulberry A and B were towed across the Channel at five miles per hour and assembled at the beaches of Omaha and Arromanches. The Omaha Mulberry harbour was destroyed by a great storm on 19 June. However, the Arromanches harbour, known as Port Winston, was used for eight months, even though it was designed for only three.

One hundred days after D-Day, 2.5 million men, 500,000 vehicles and 4 million tons of supplies had arrived through this harbour to sustain Operation Overlord and provision the allied forces all across France on their way to Berlin.

Port Winston remains one of the greatest feats of military engineering in history.

The remains of the landing, increasingly ruinous, are intangible and disturbing presences of what once happened there.

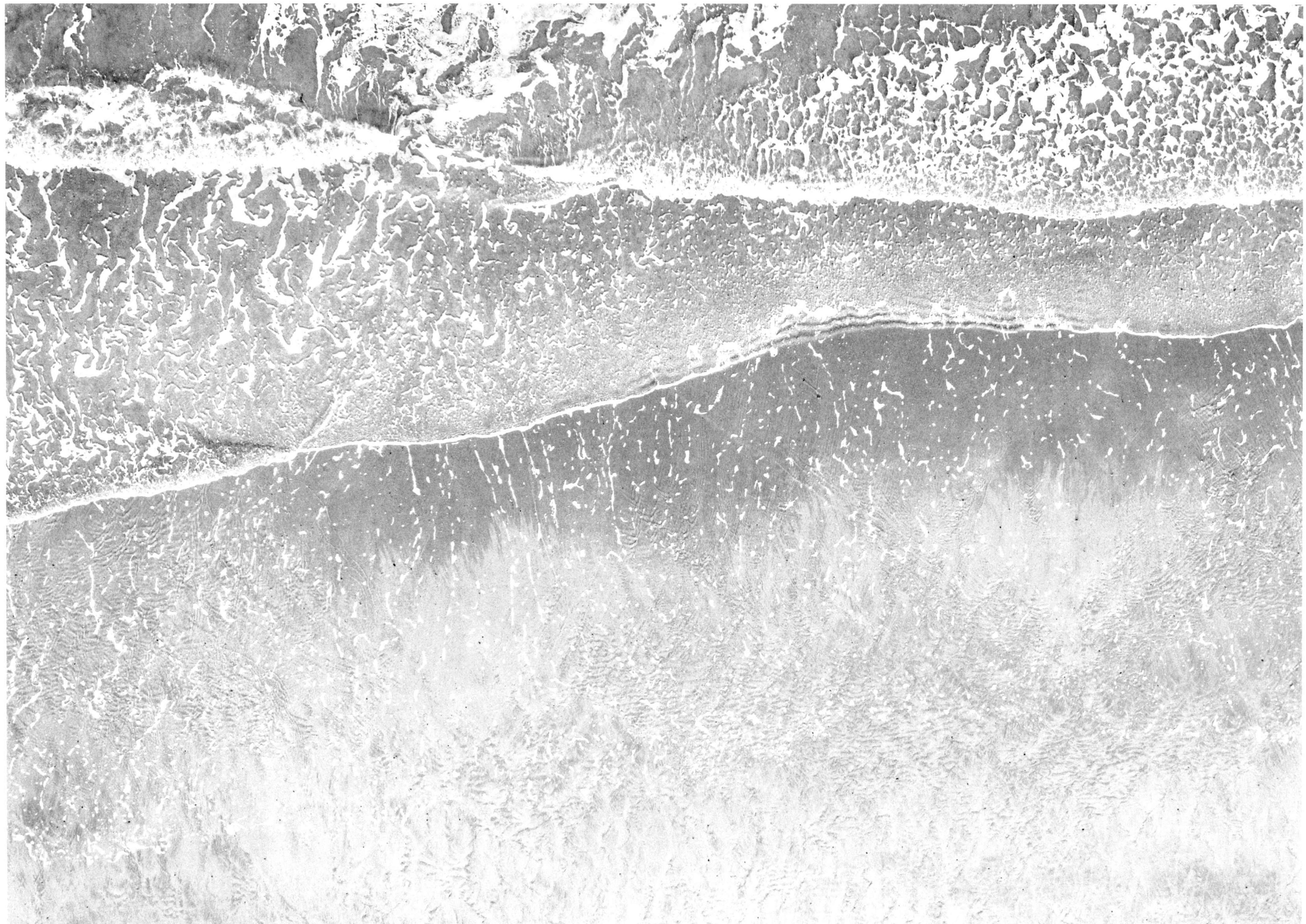

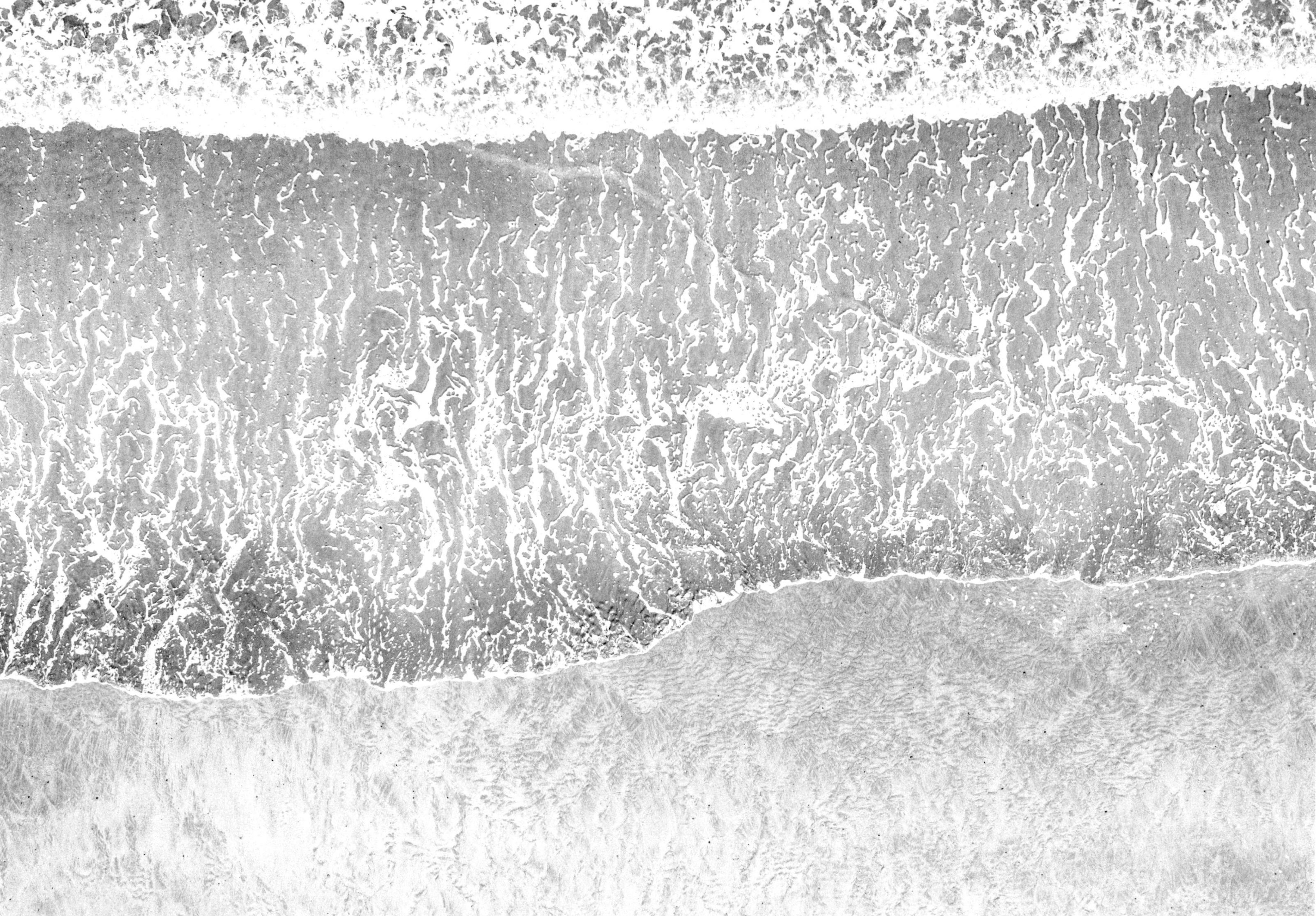

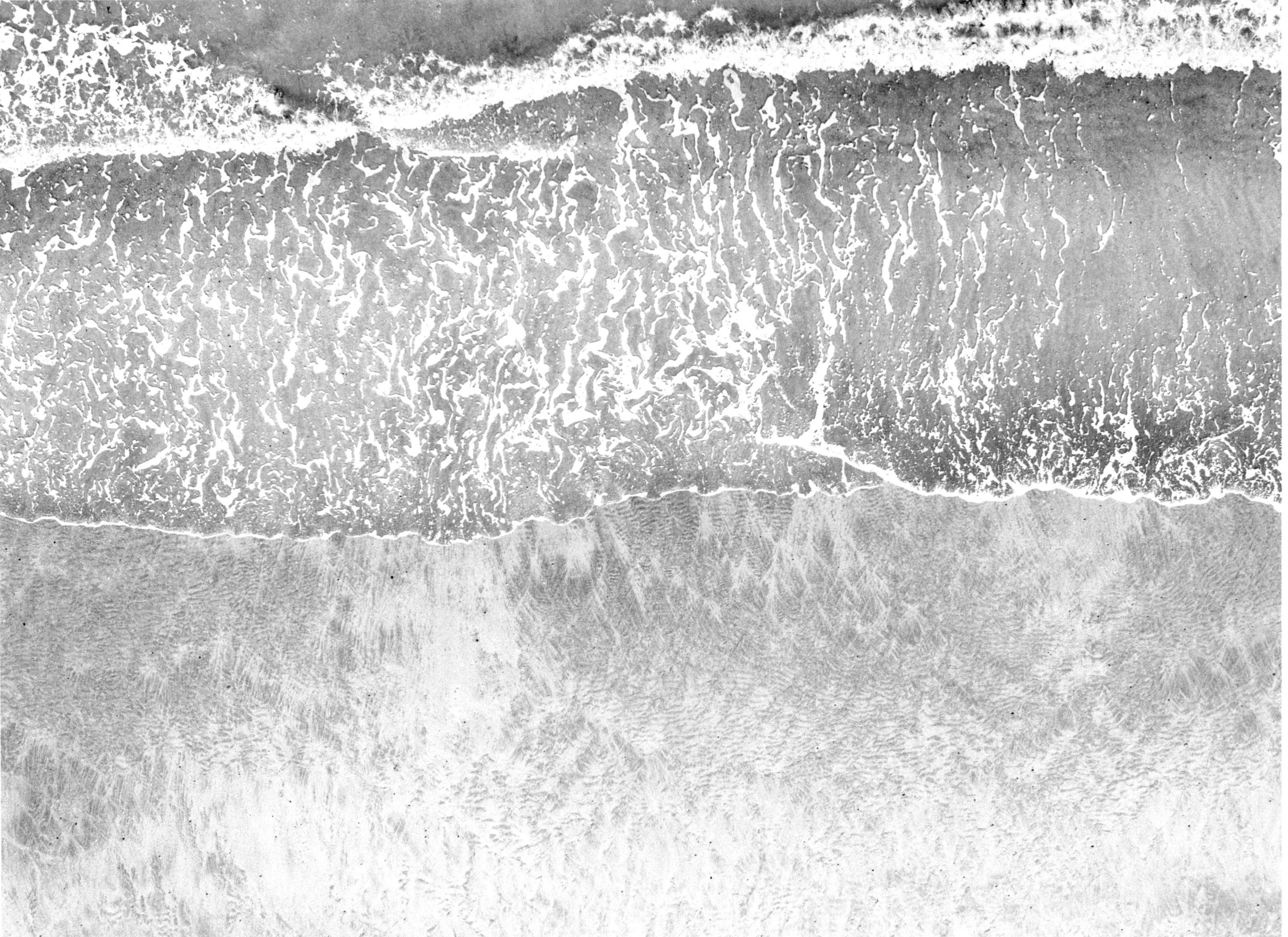

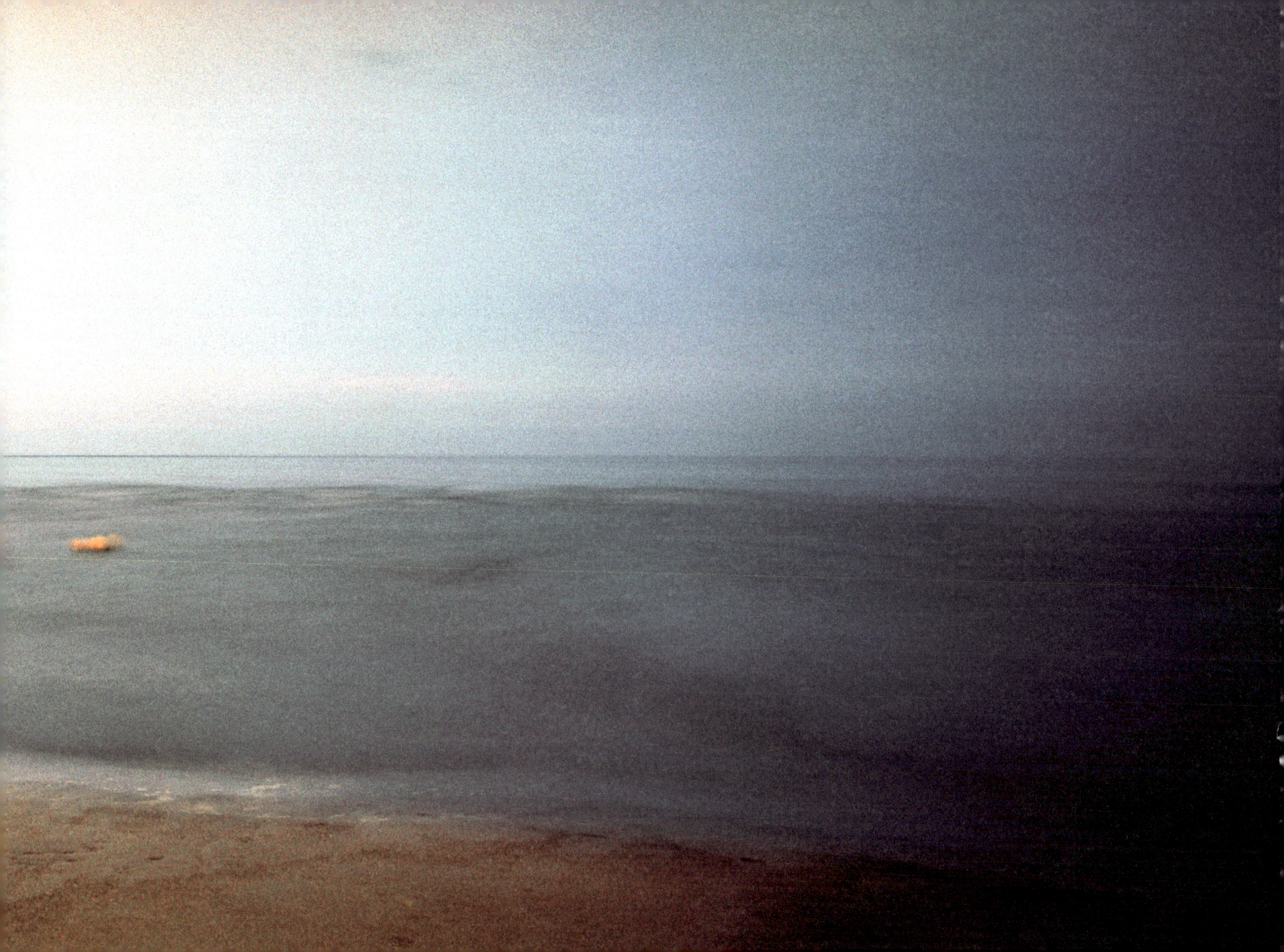

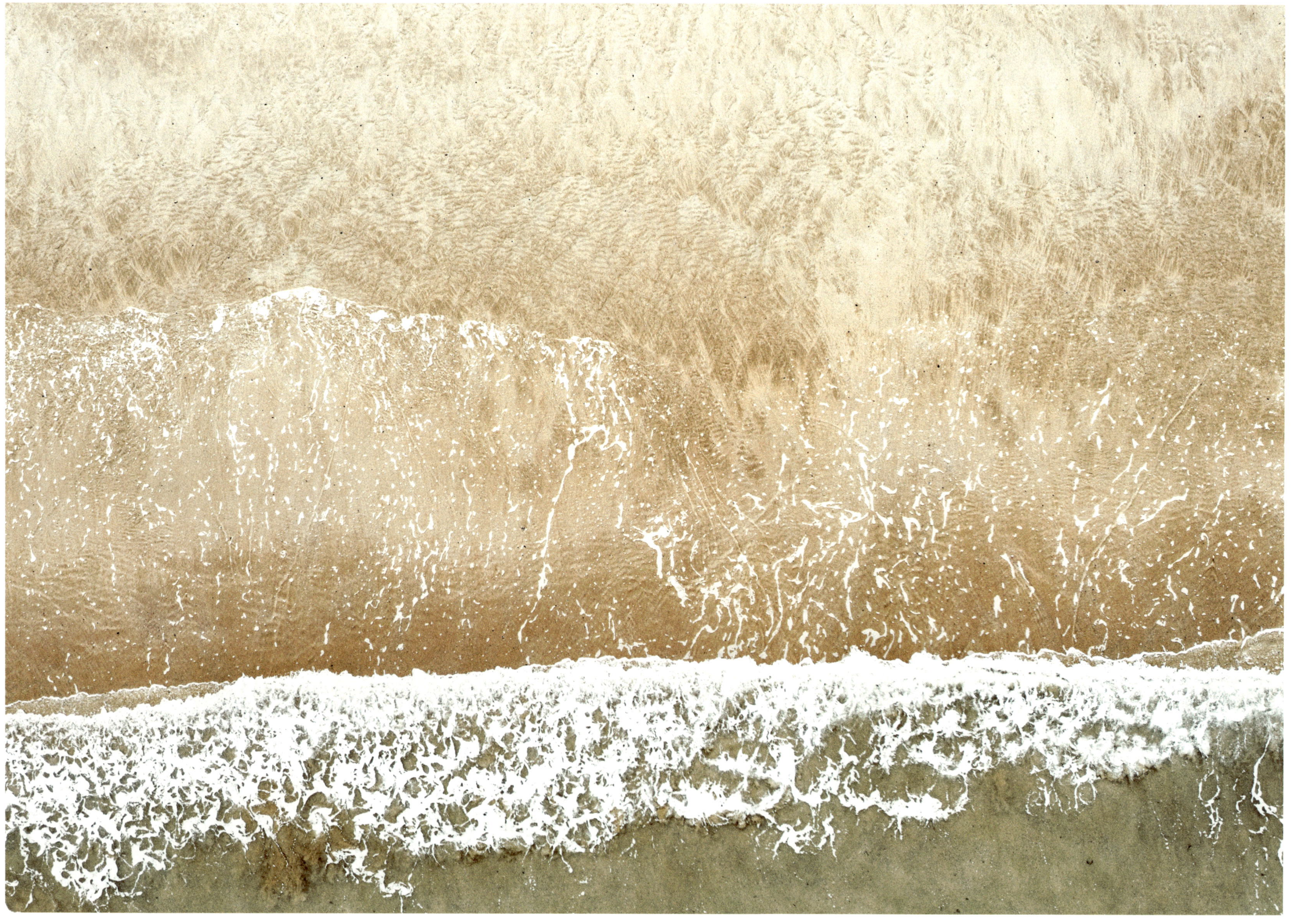

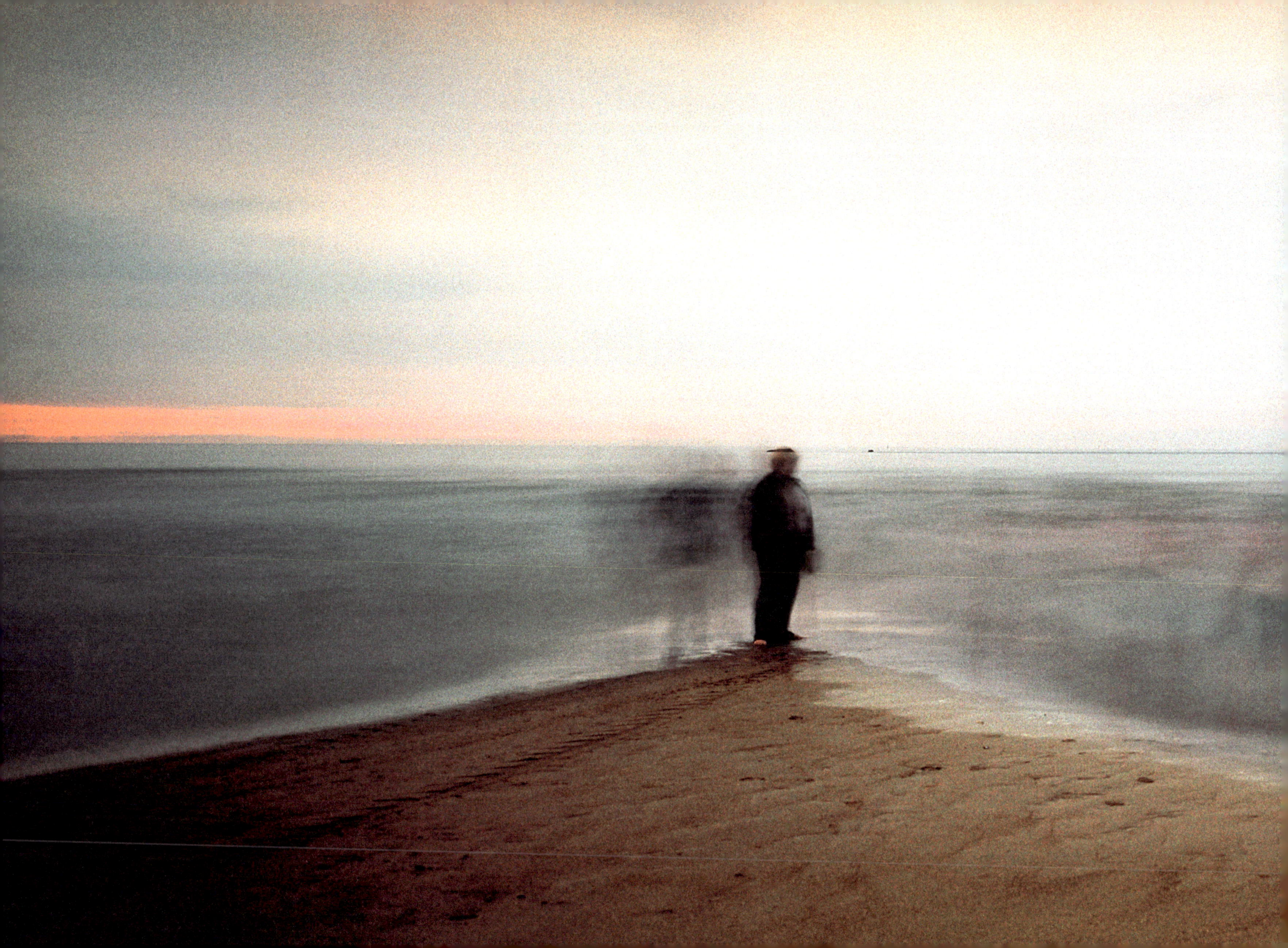

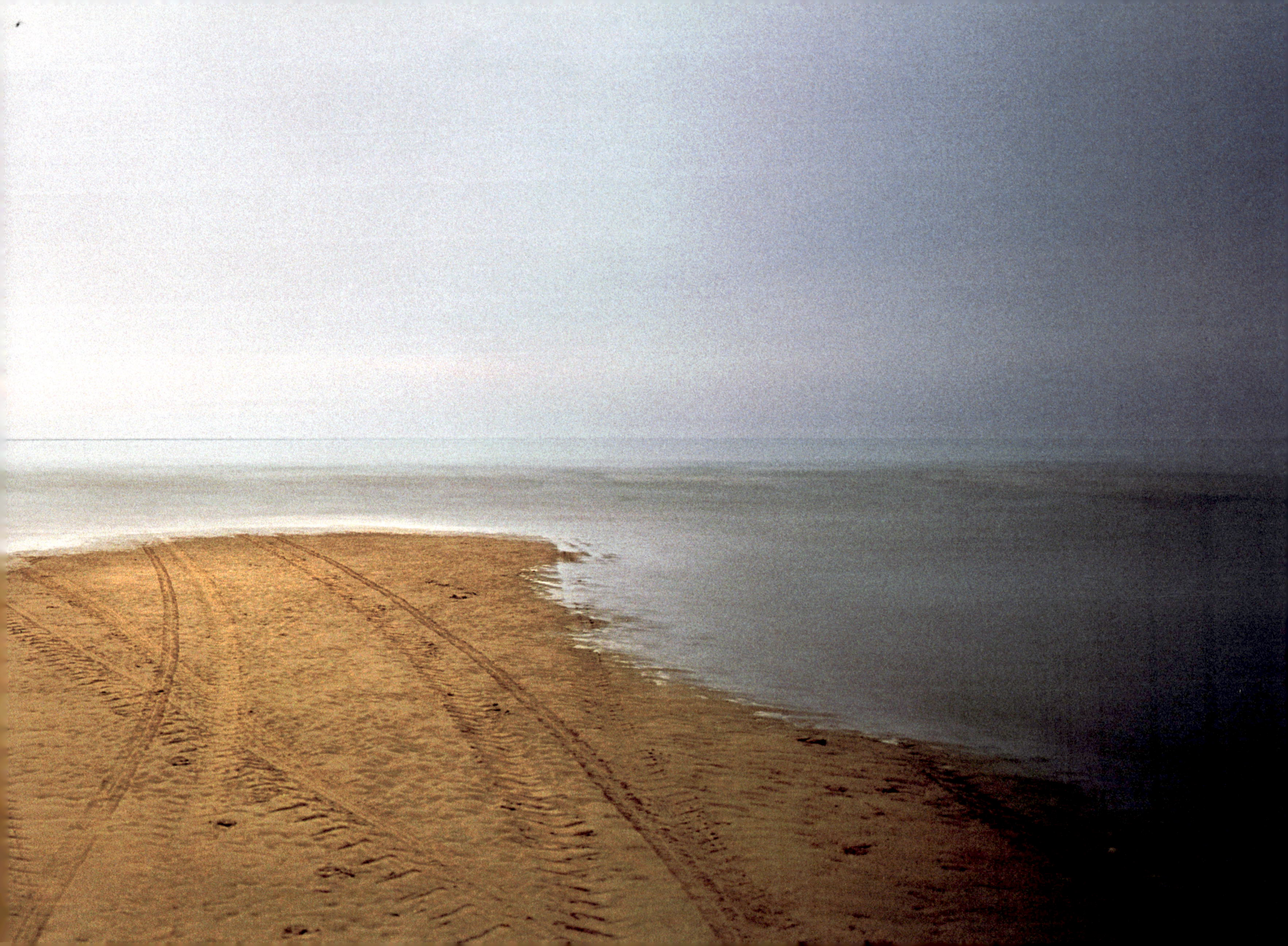

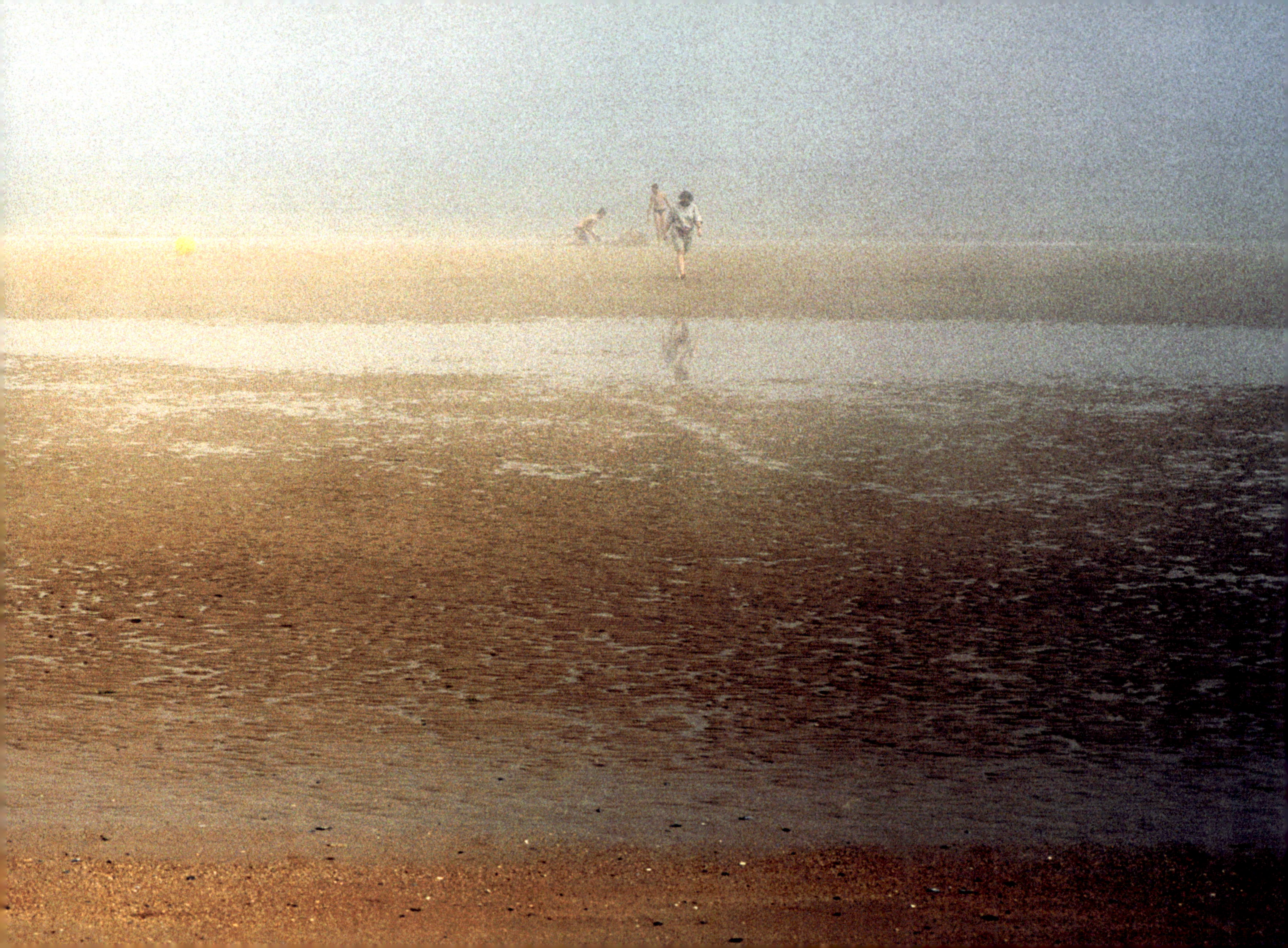

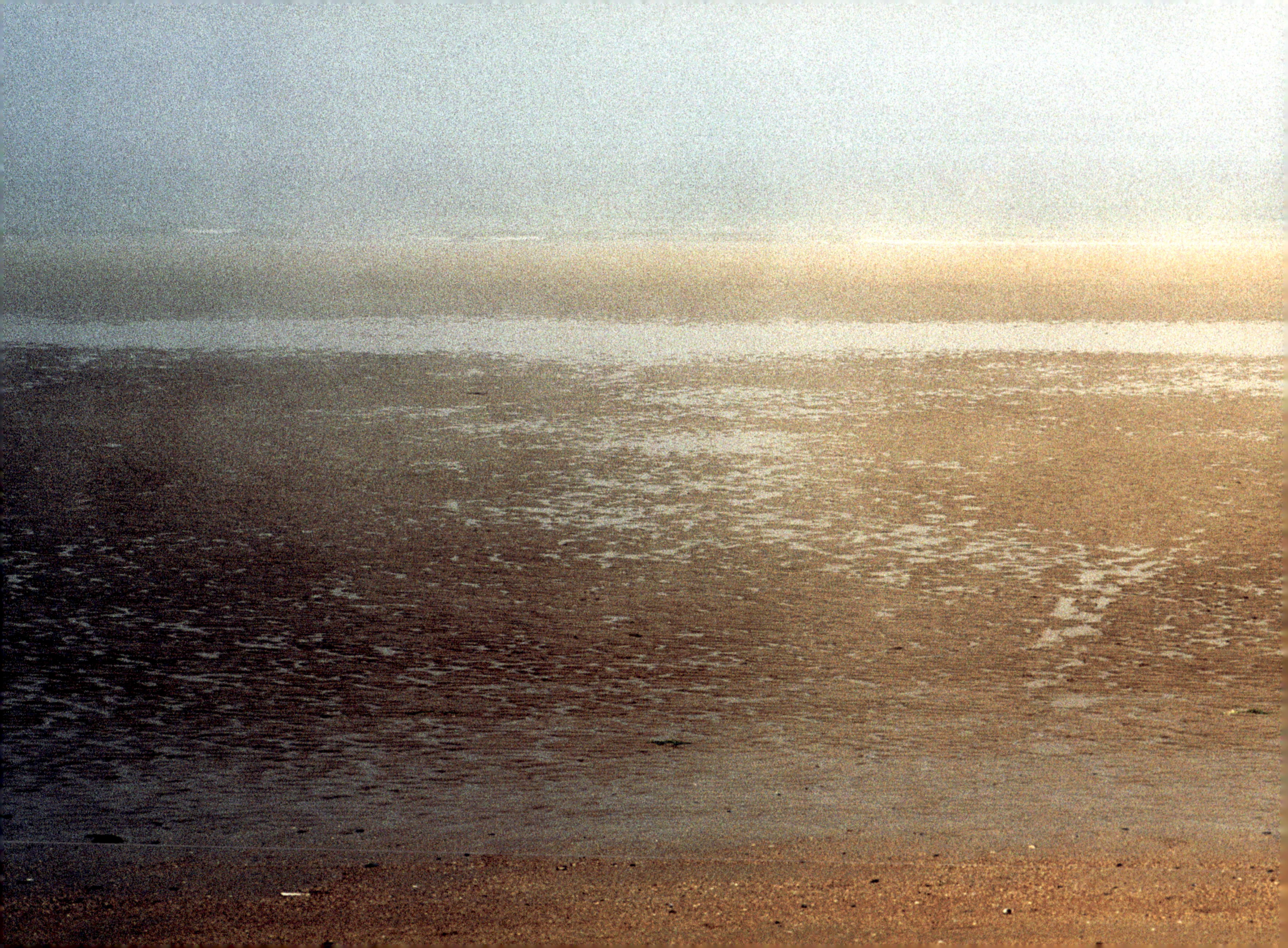

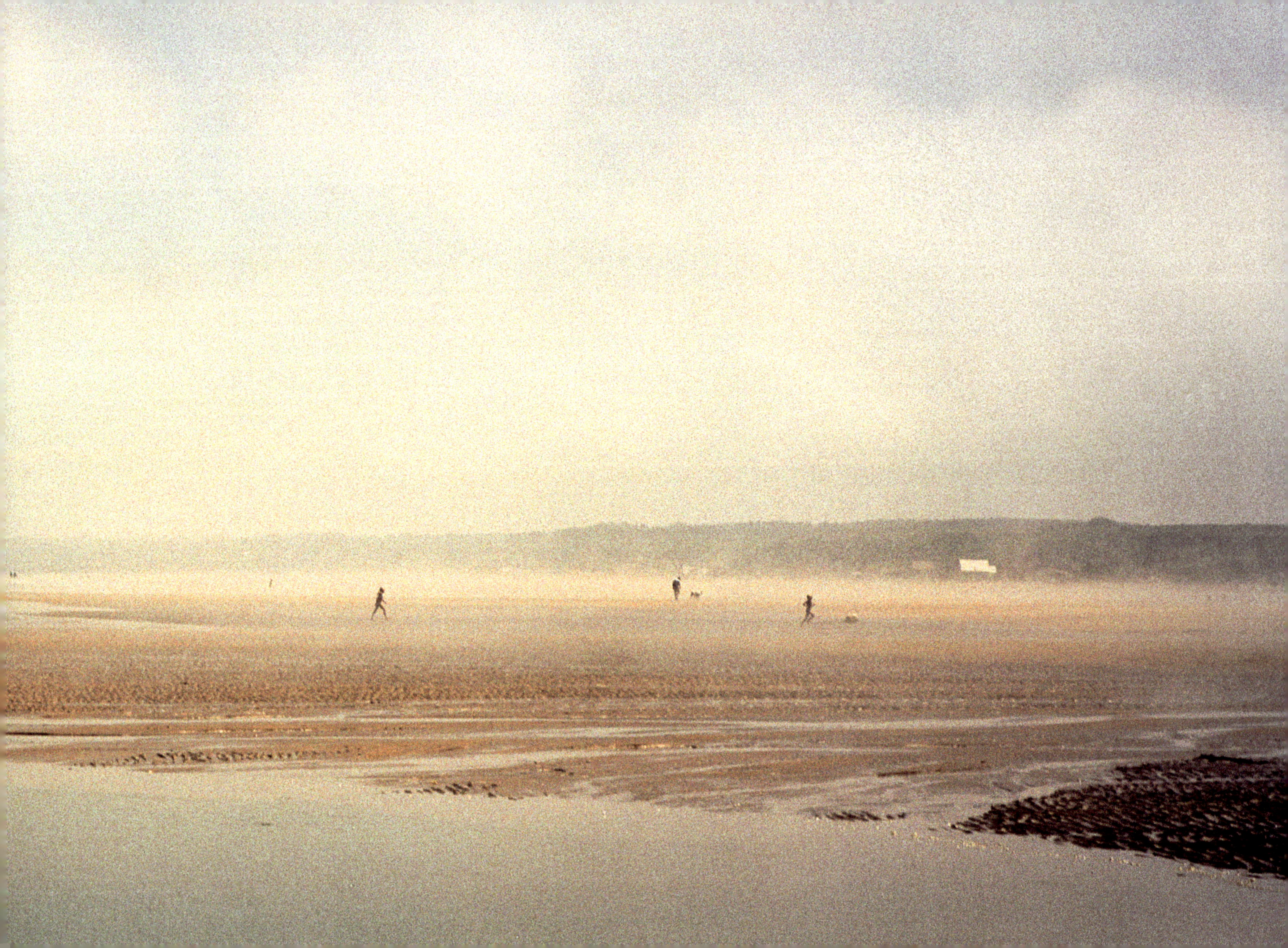

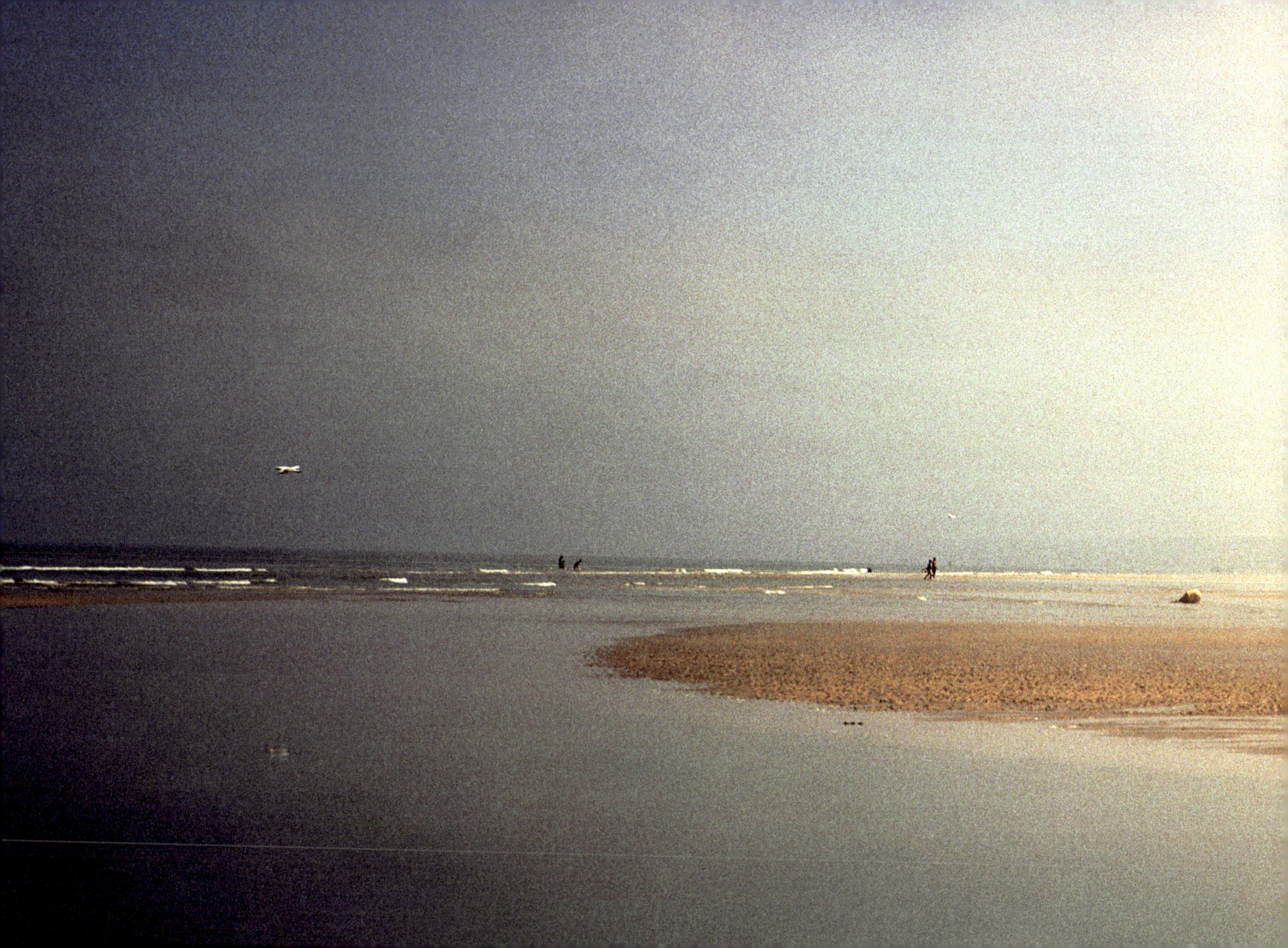

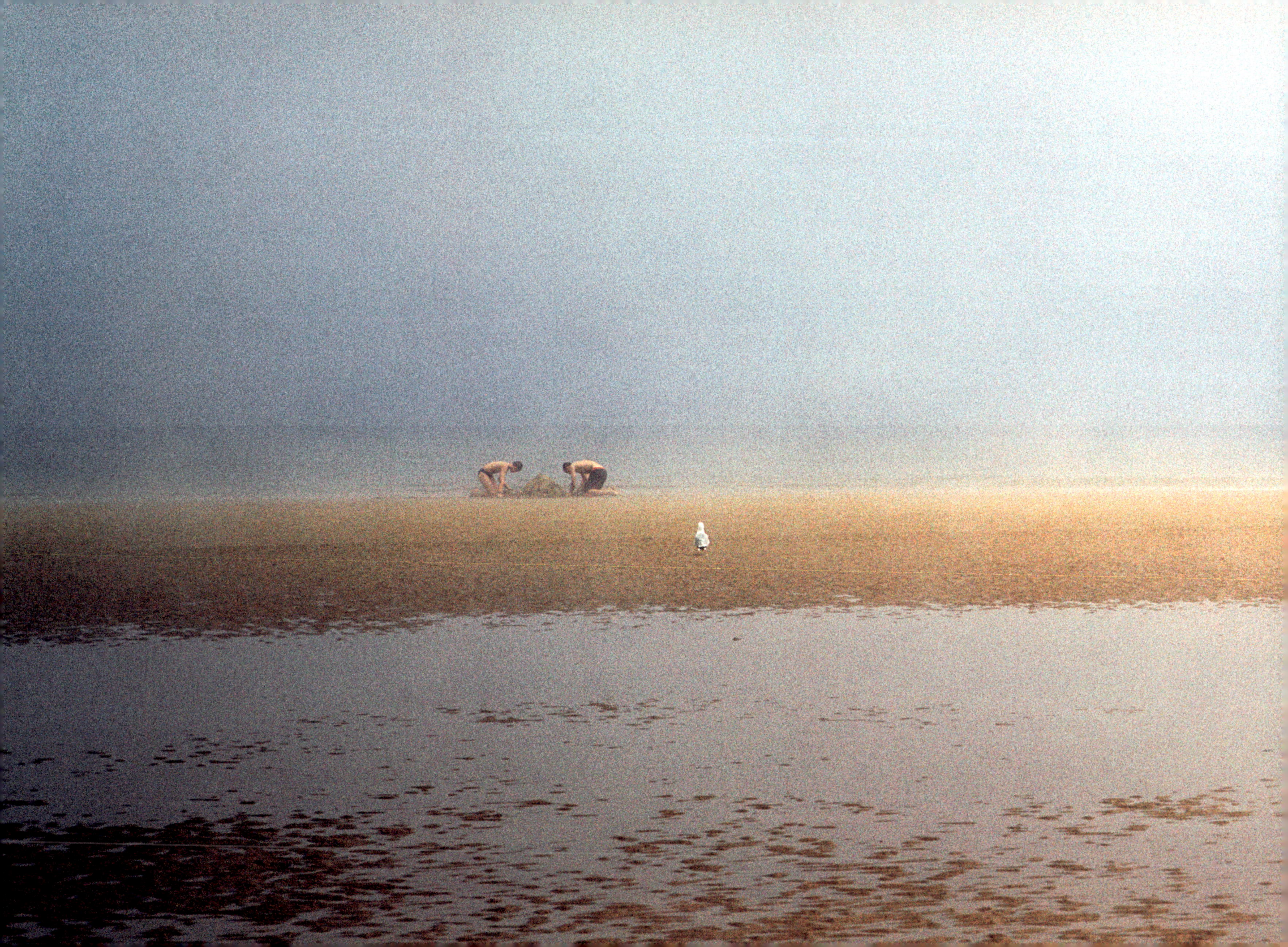

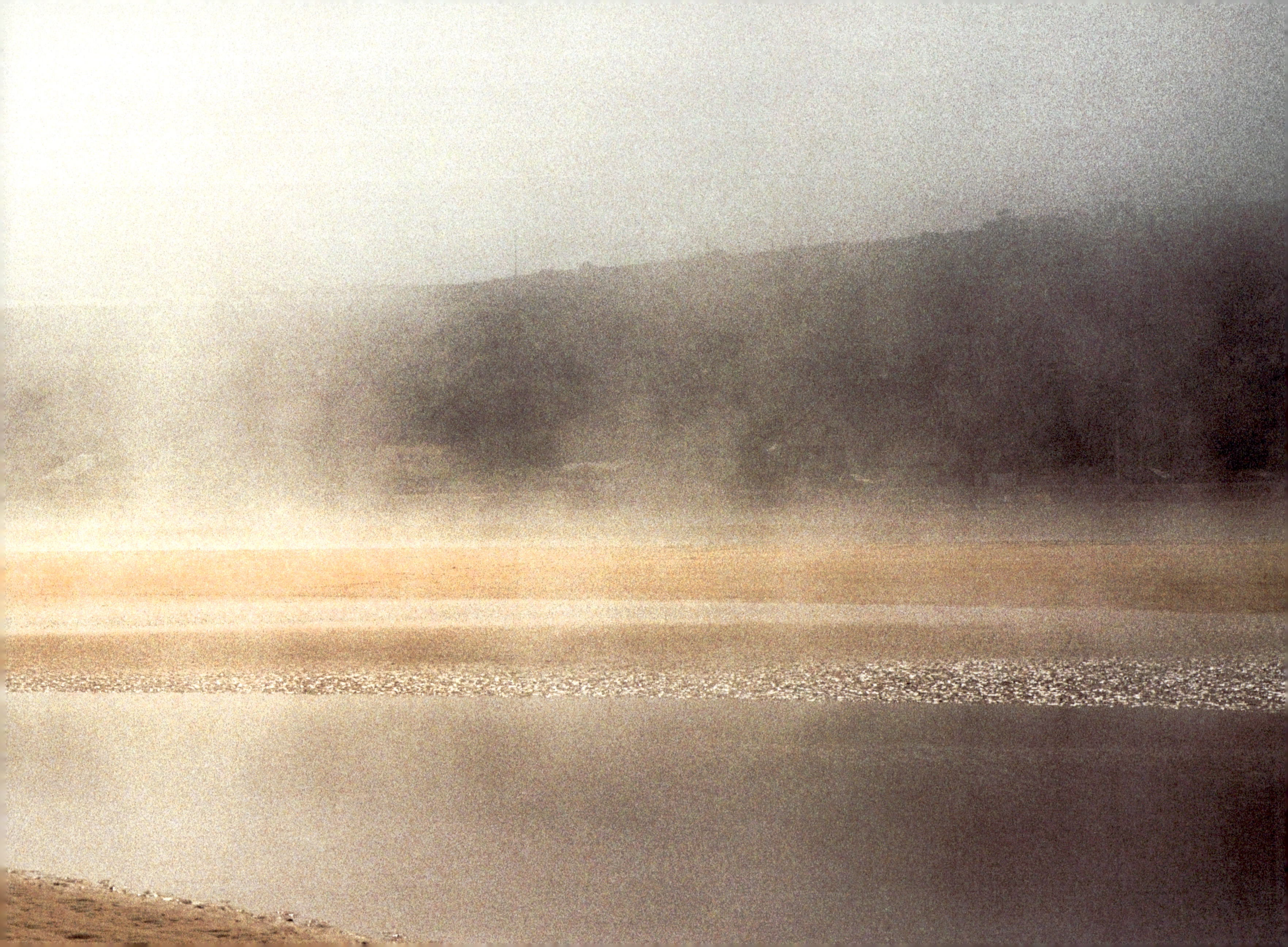

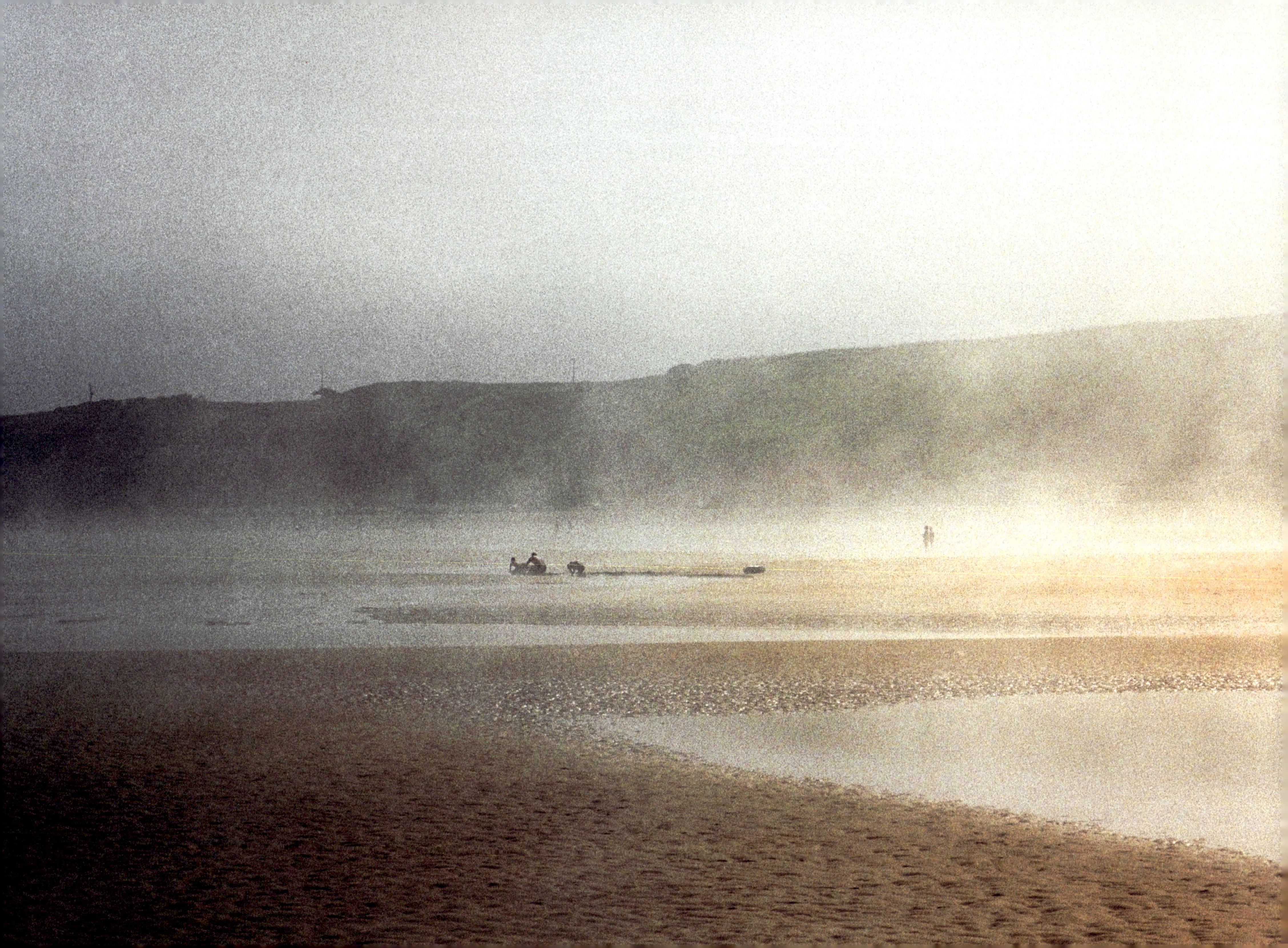

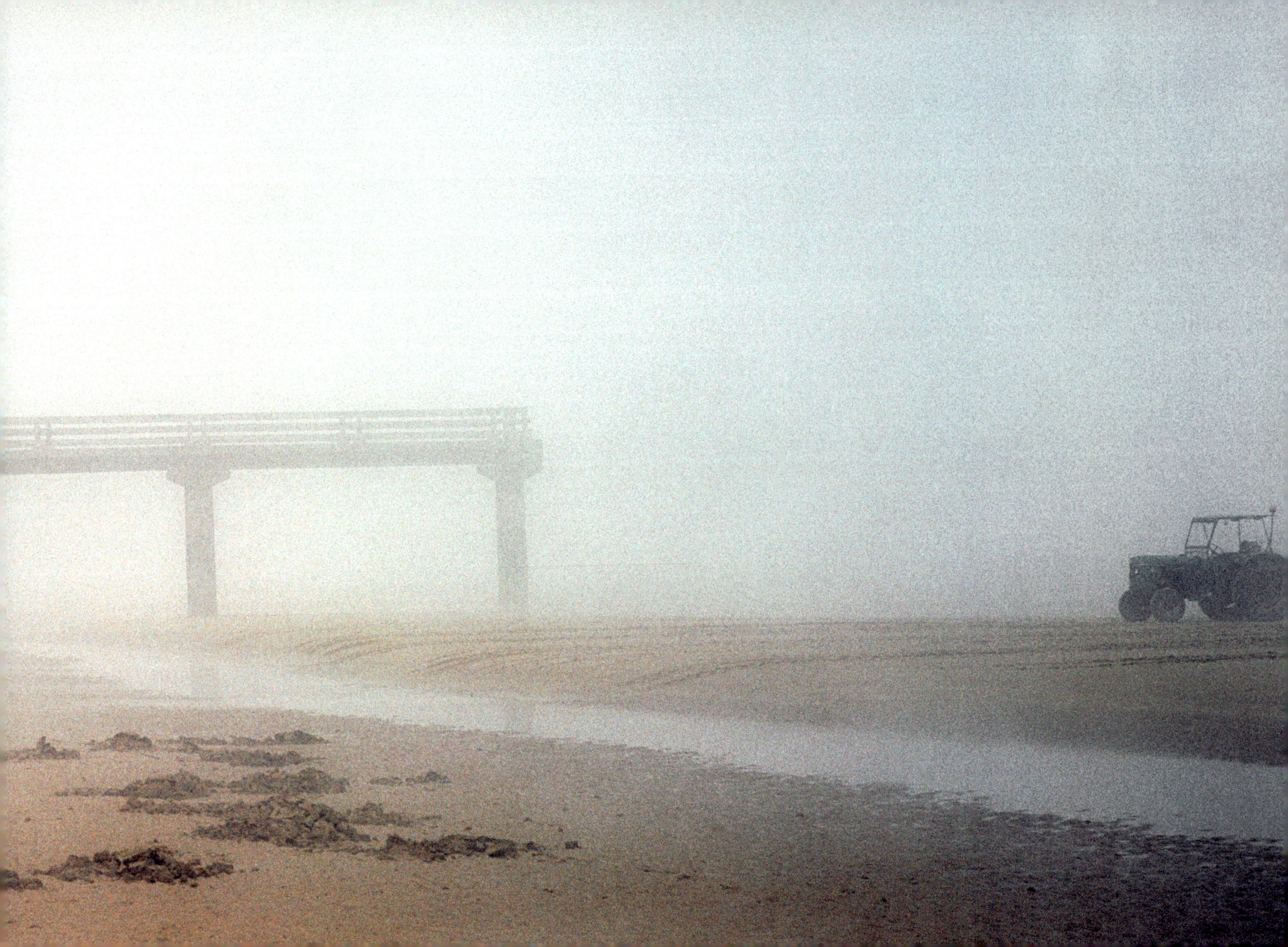

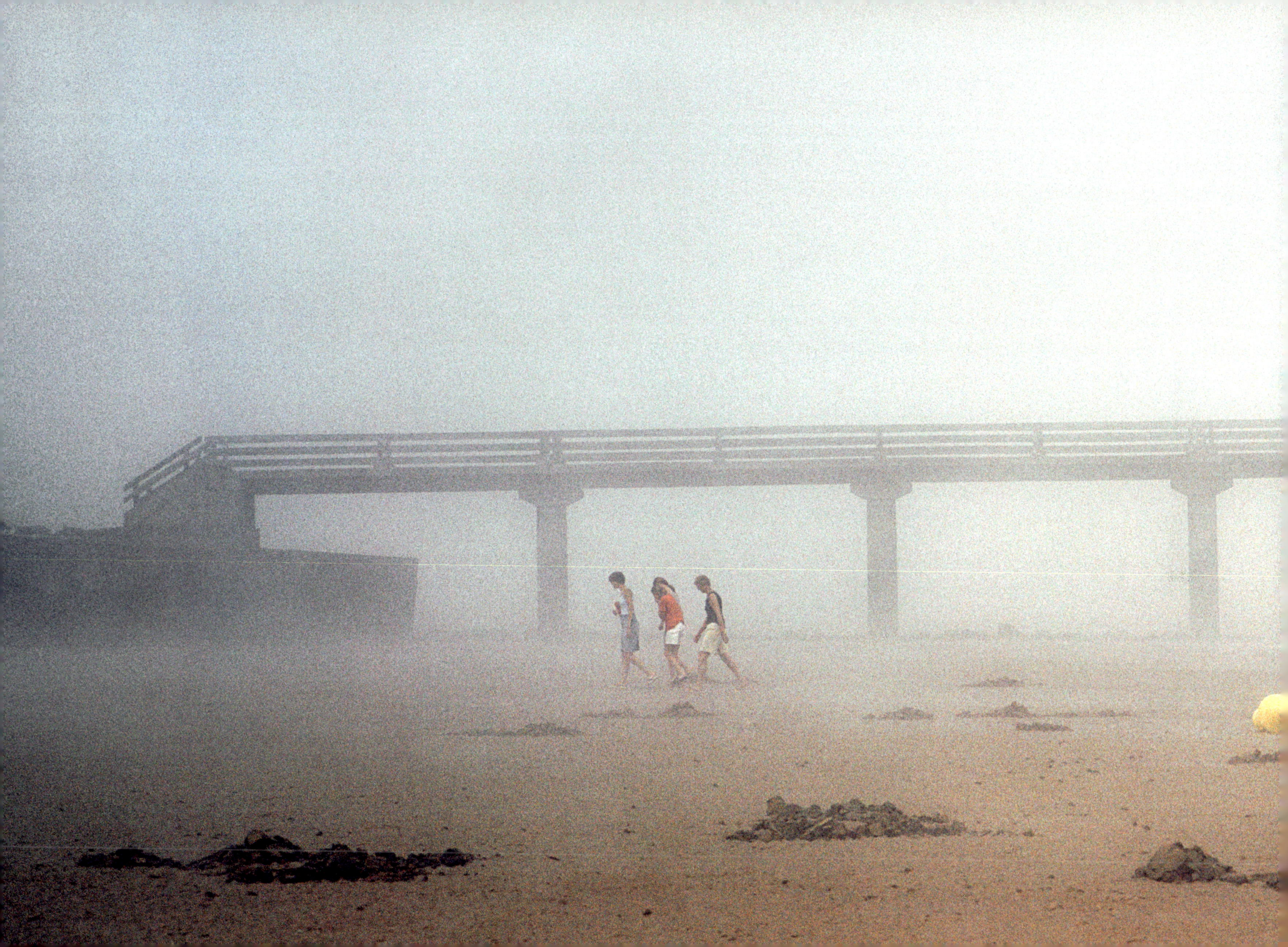

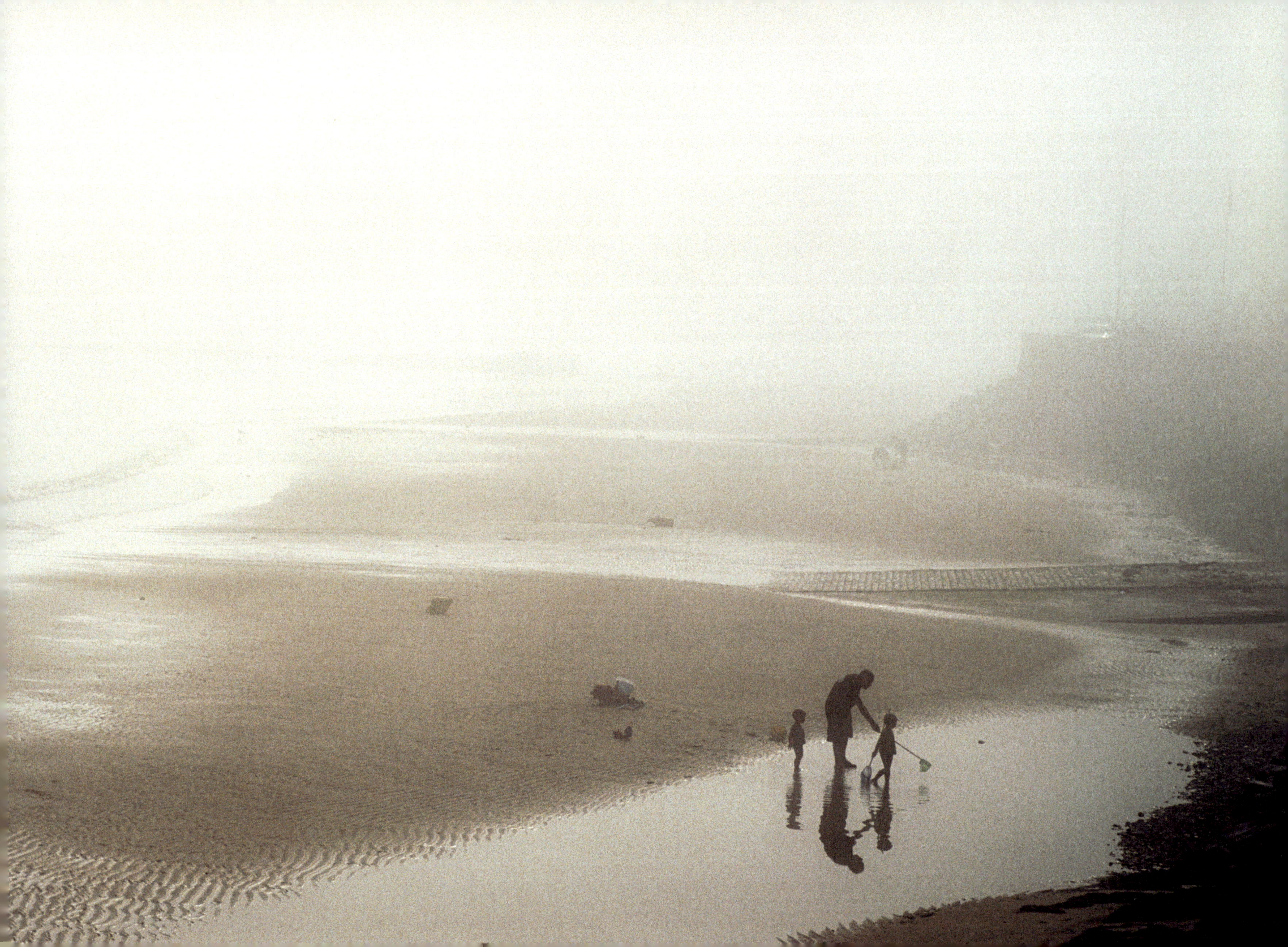

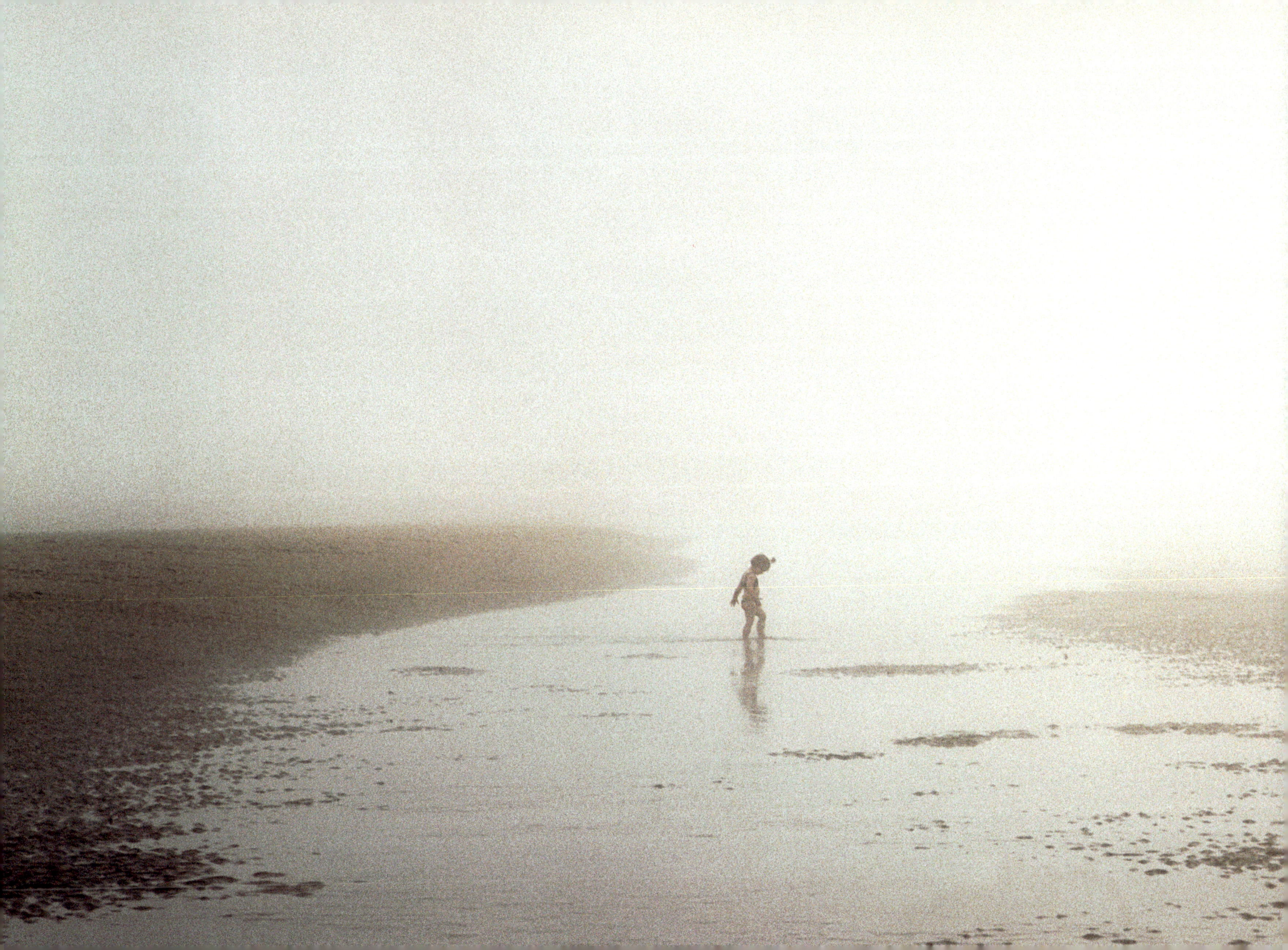

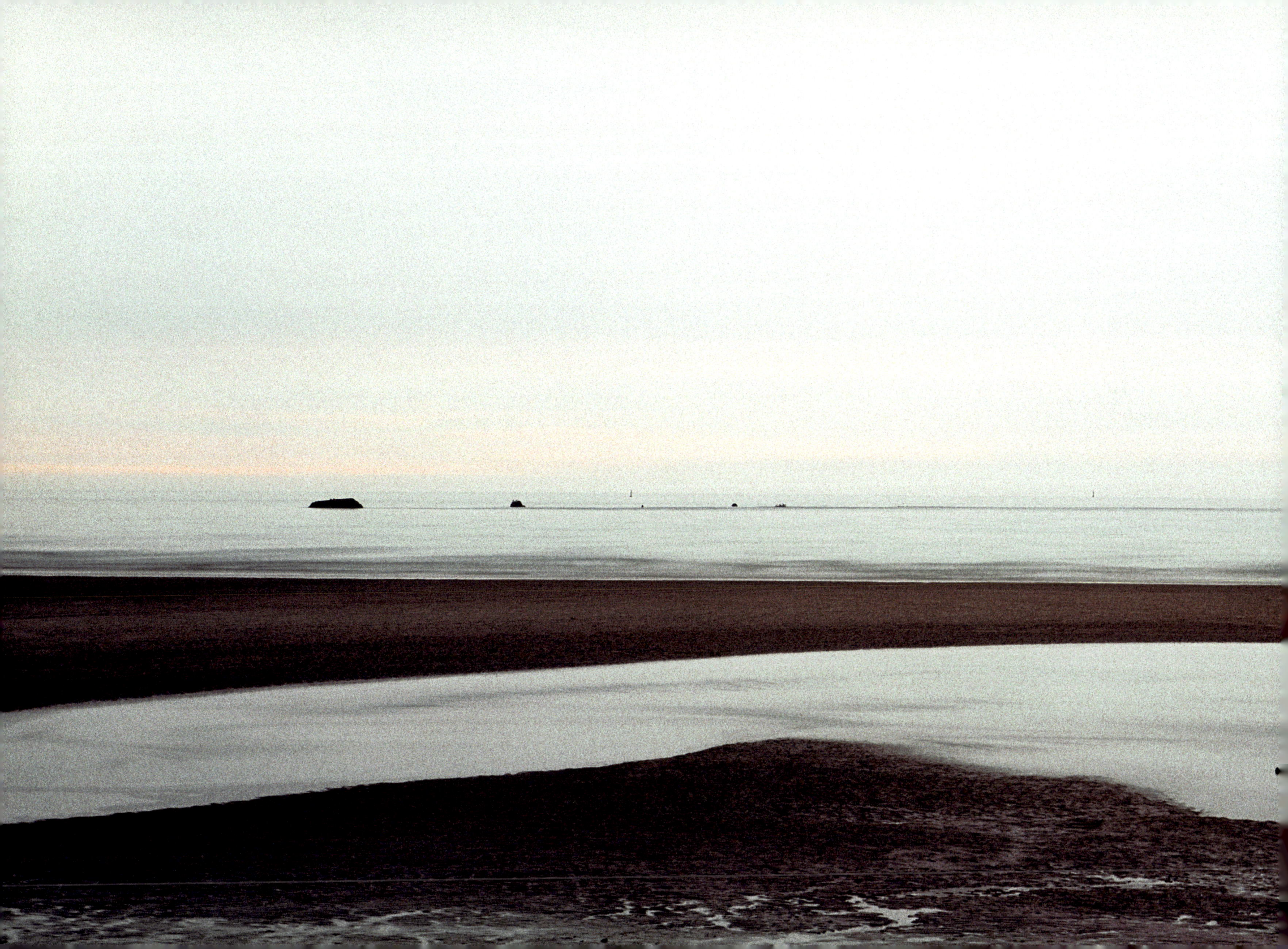

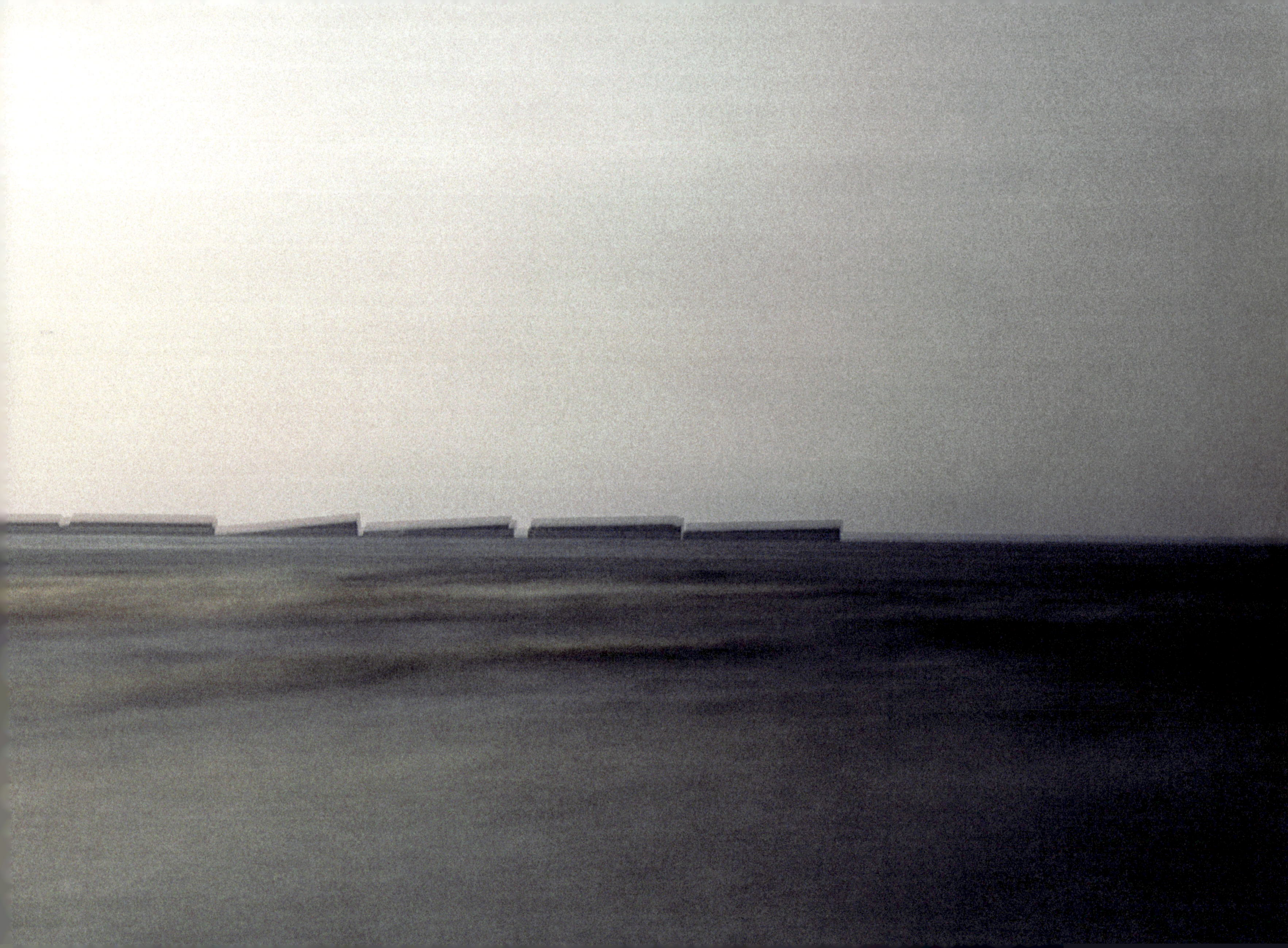

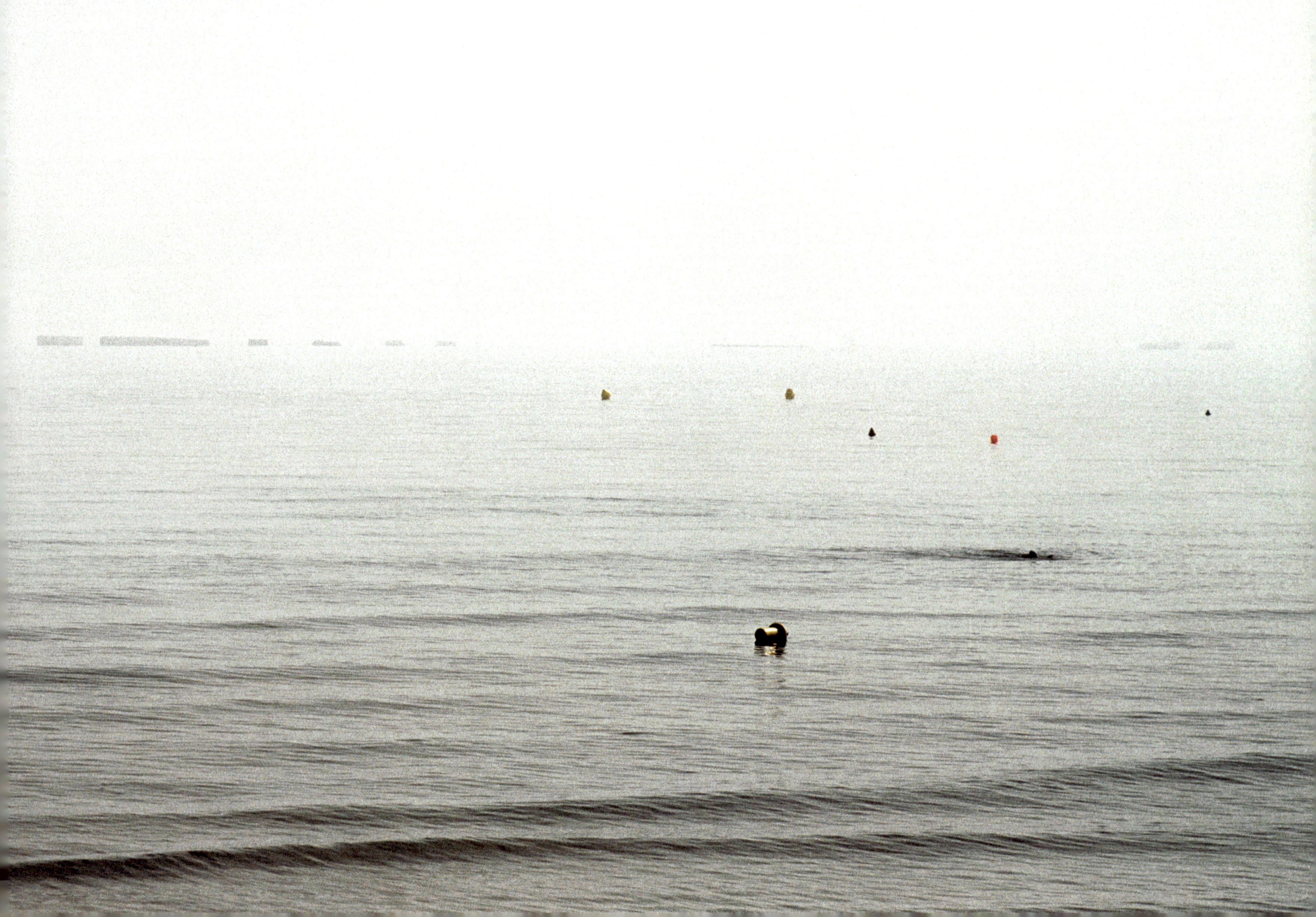

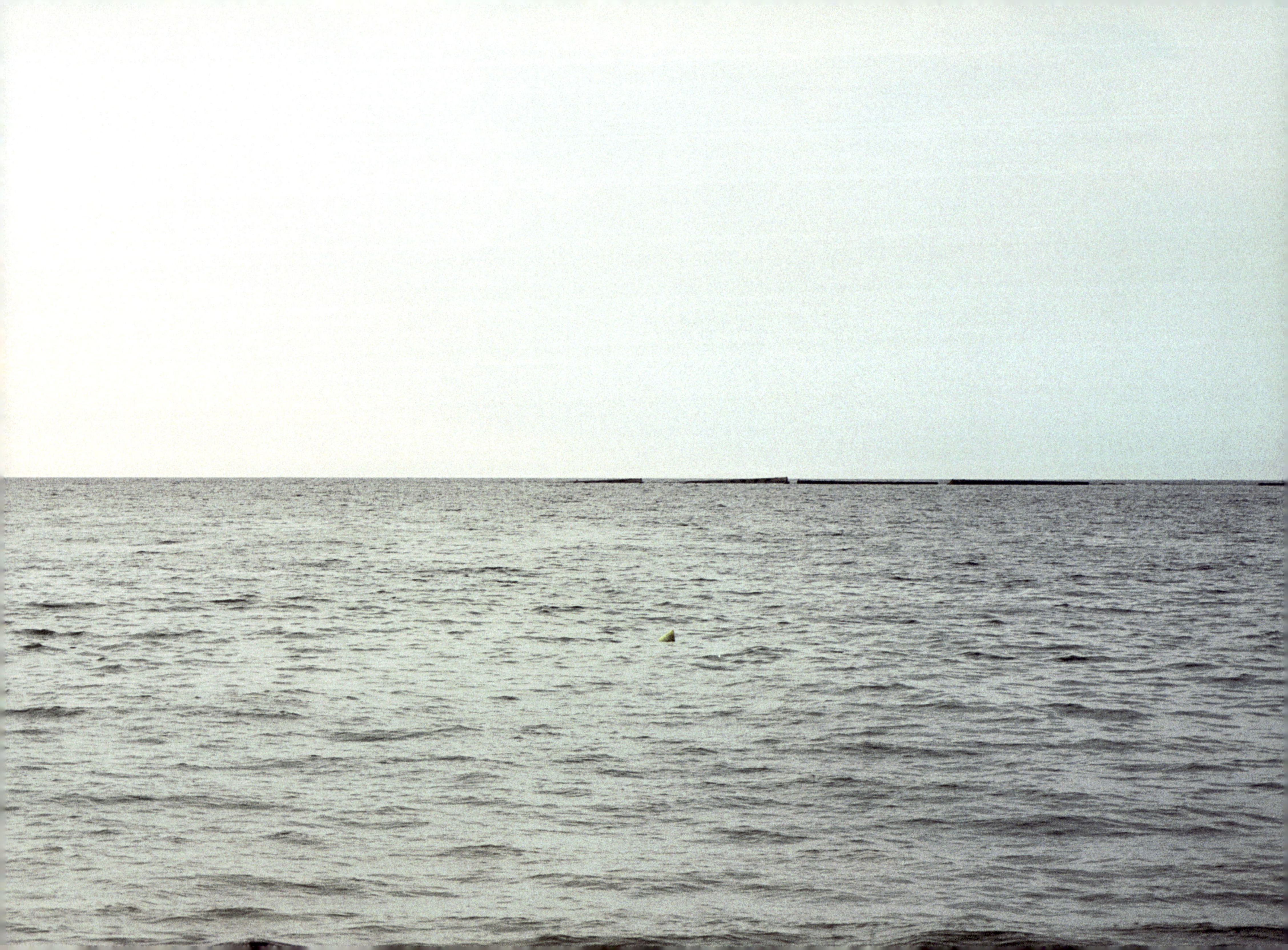

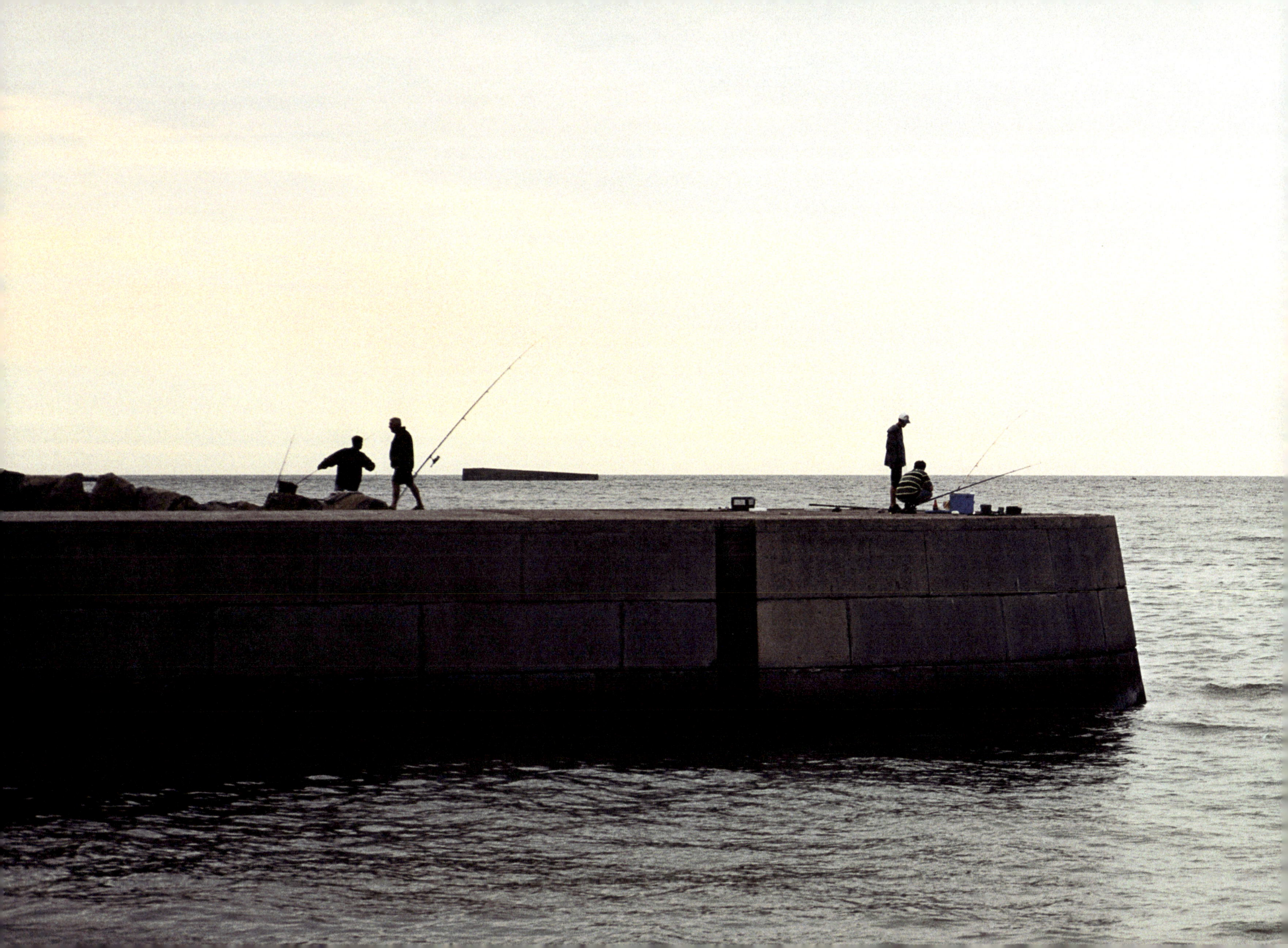

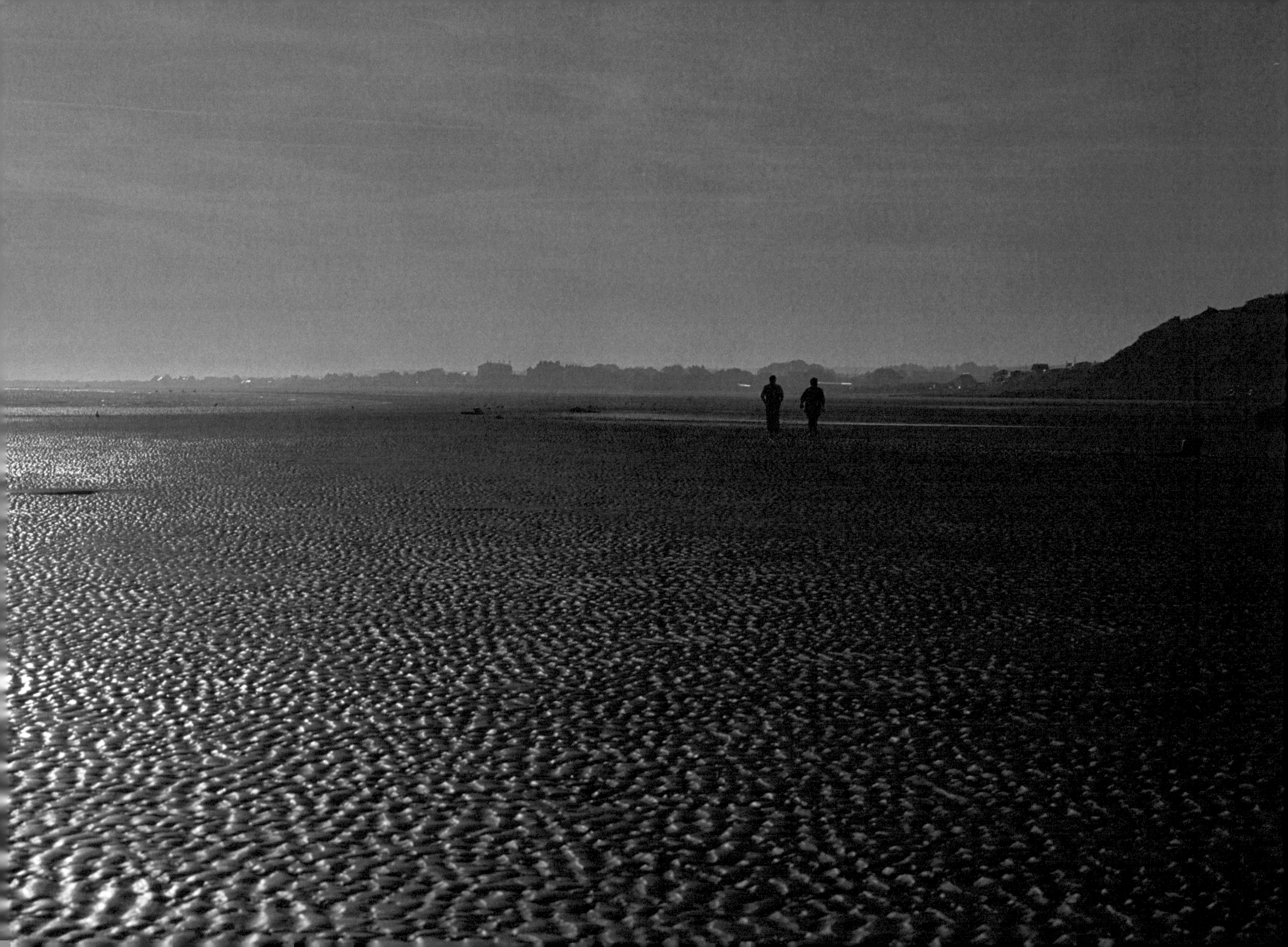

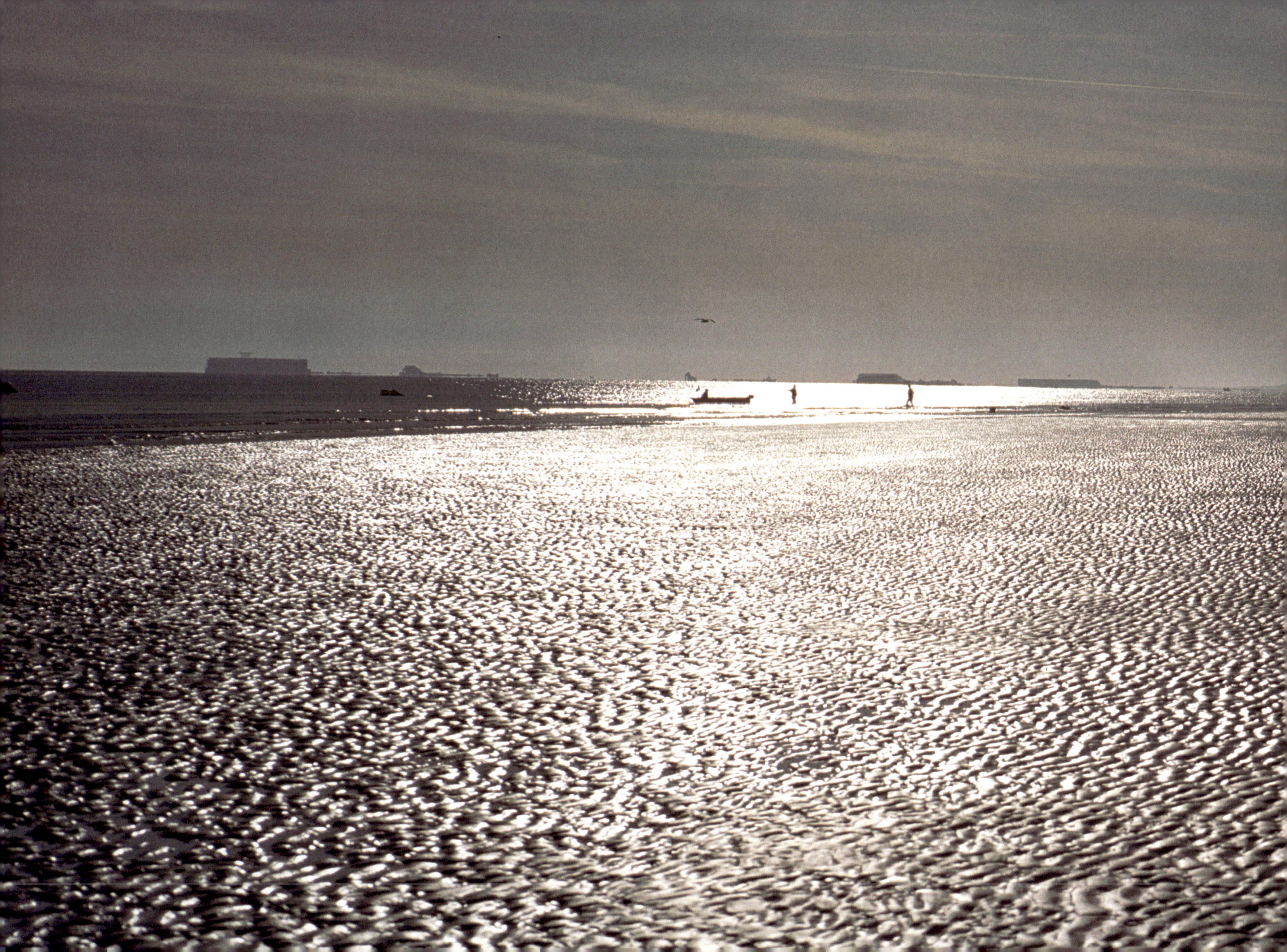

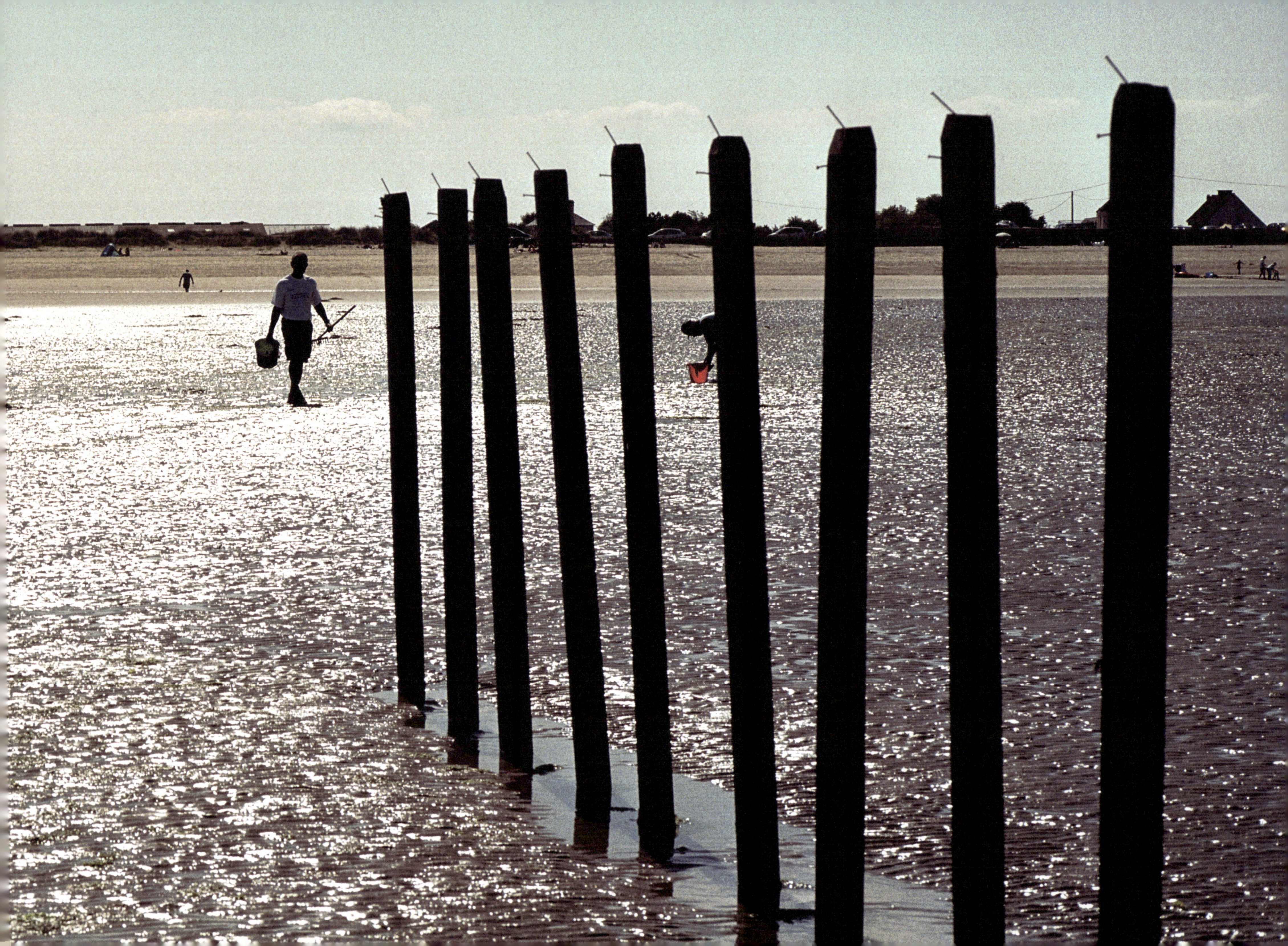

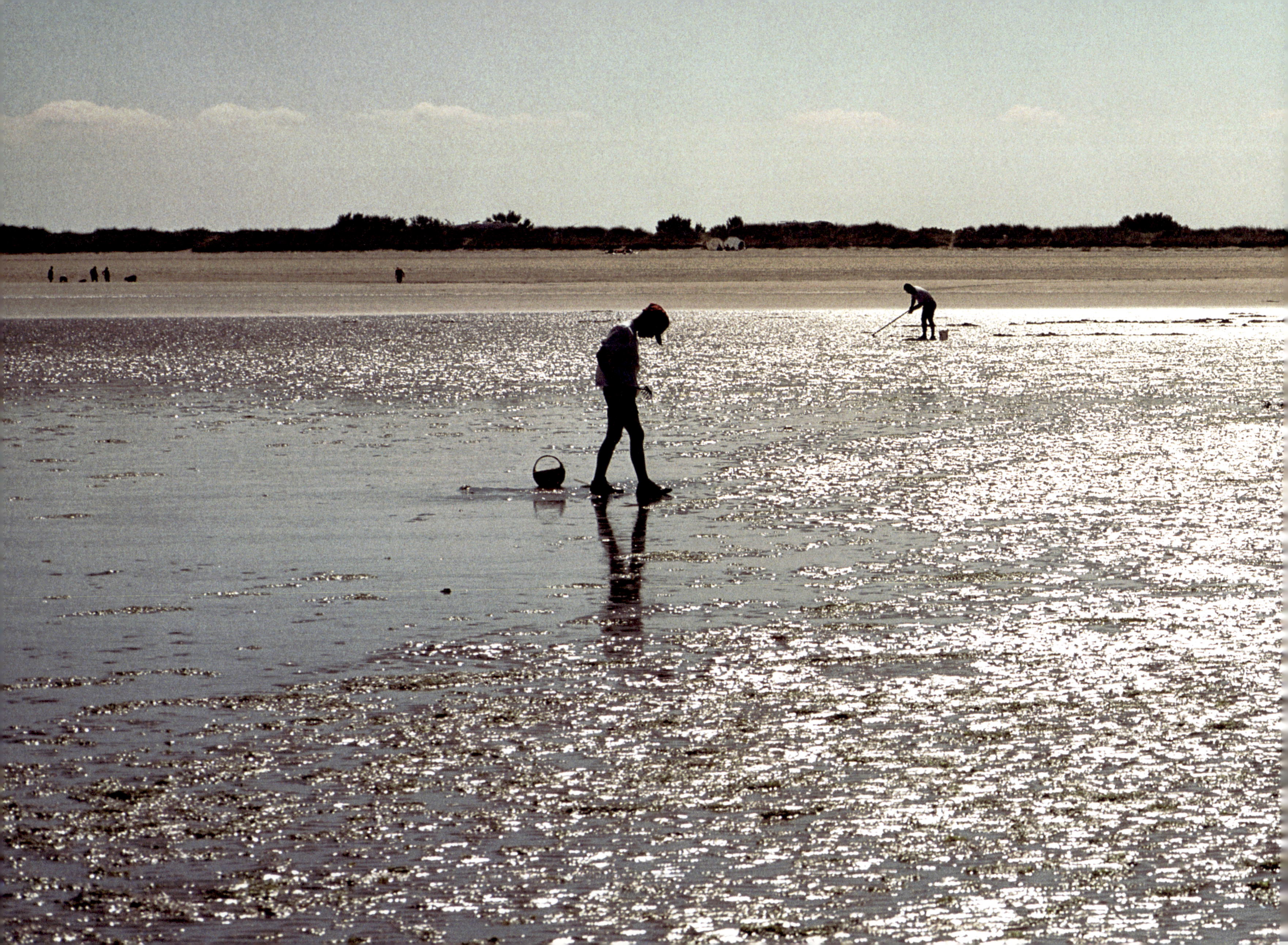

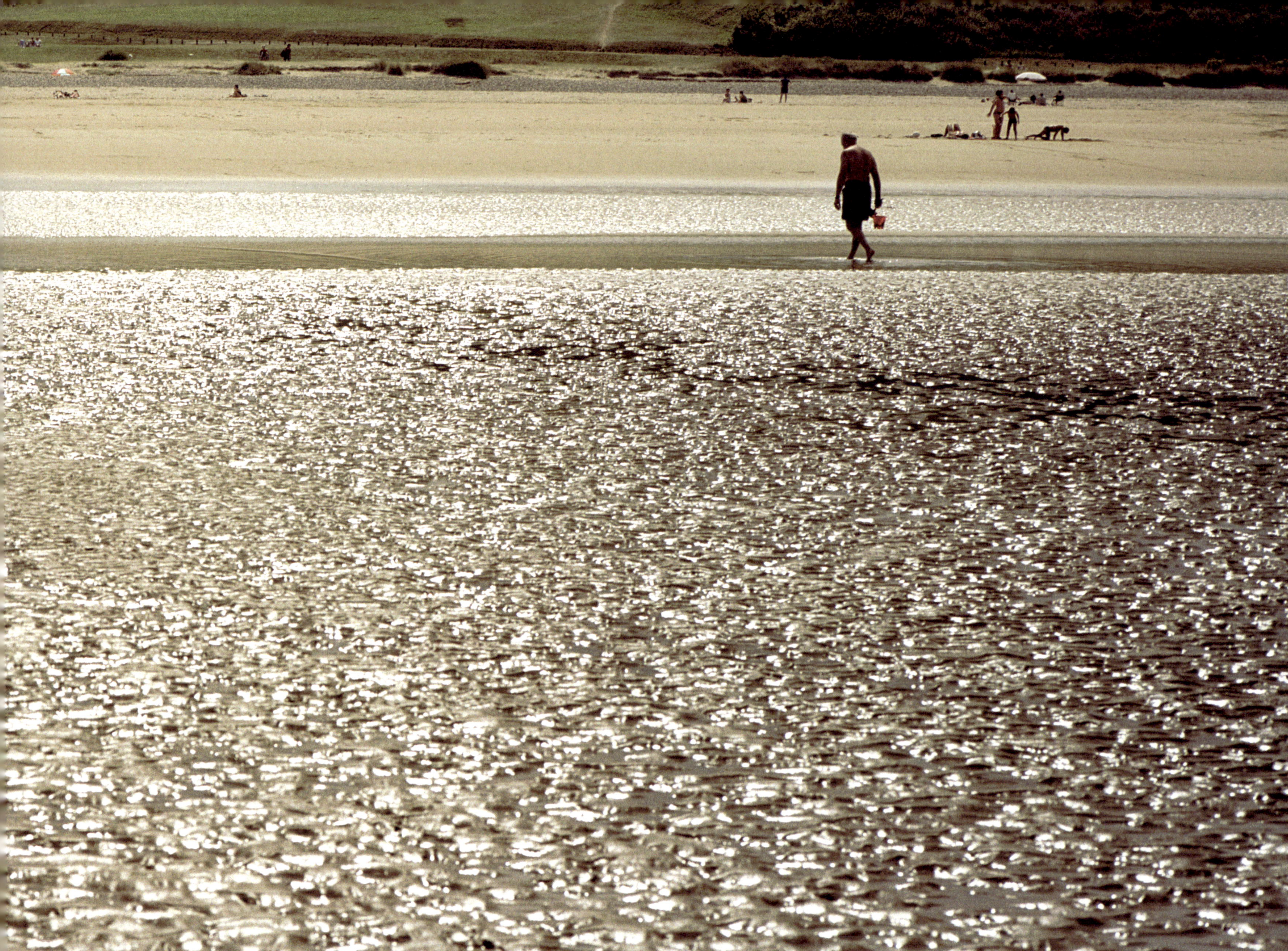

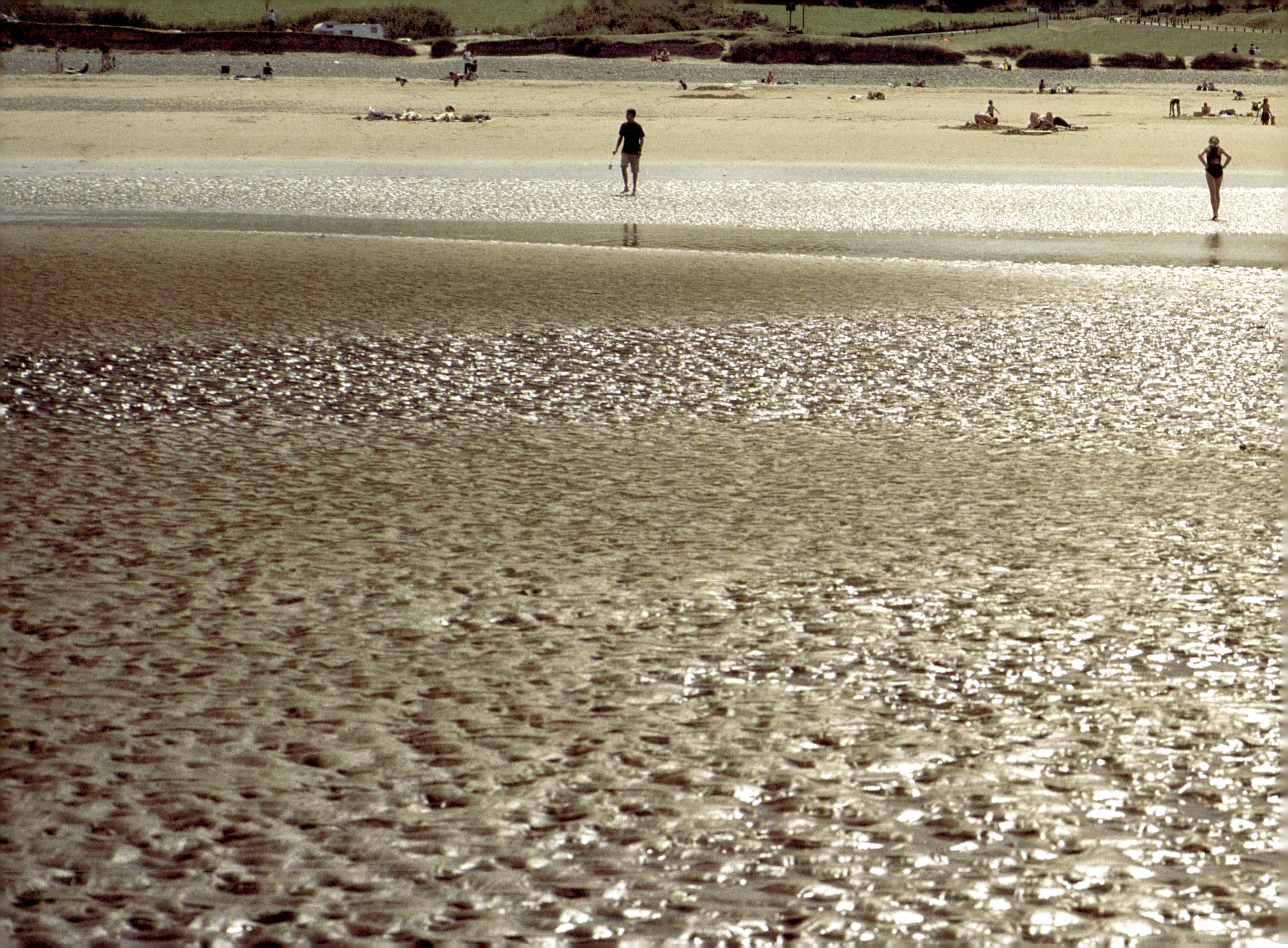

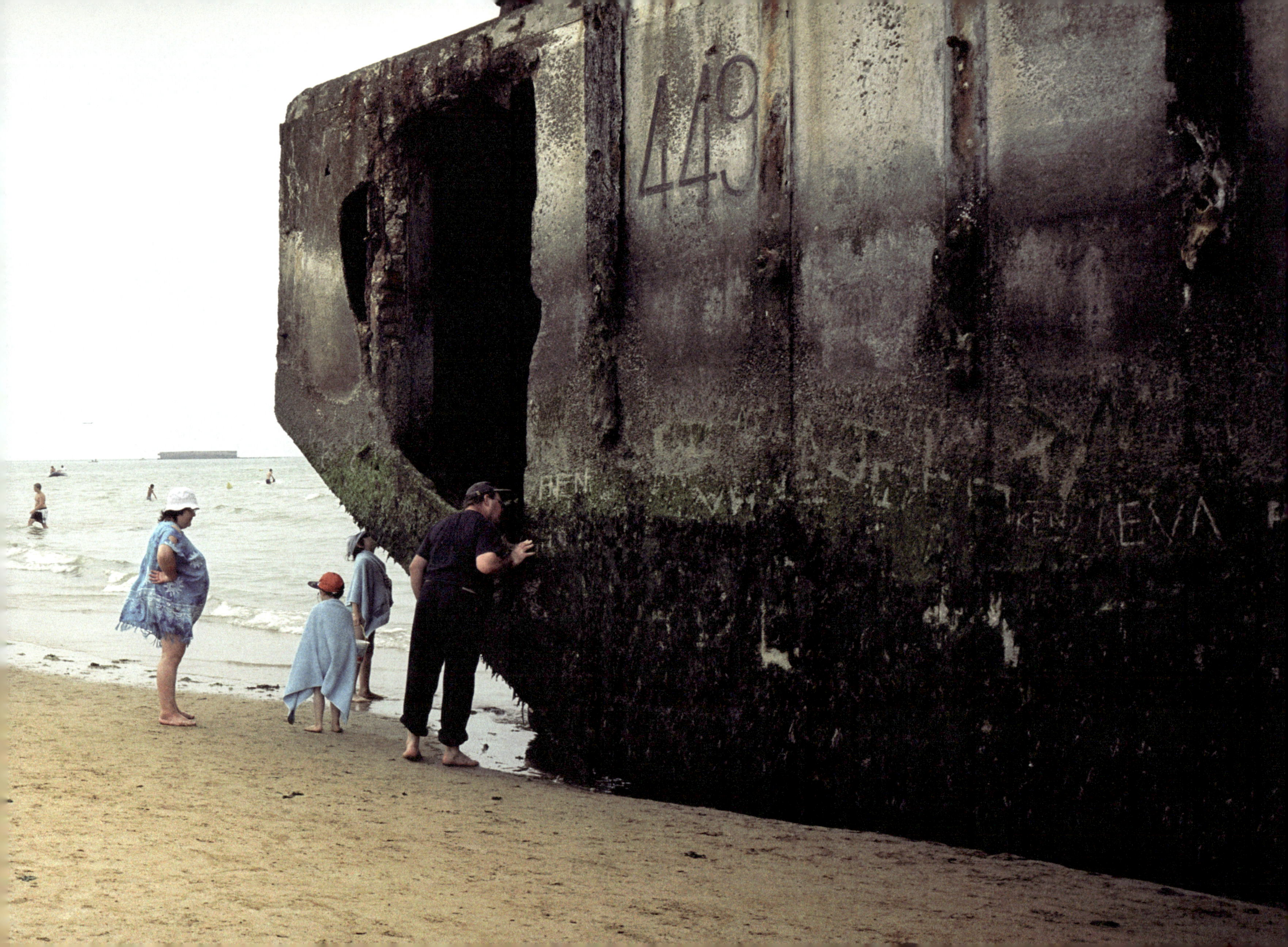
449

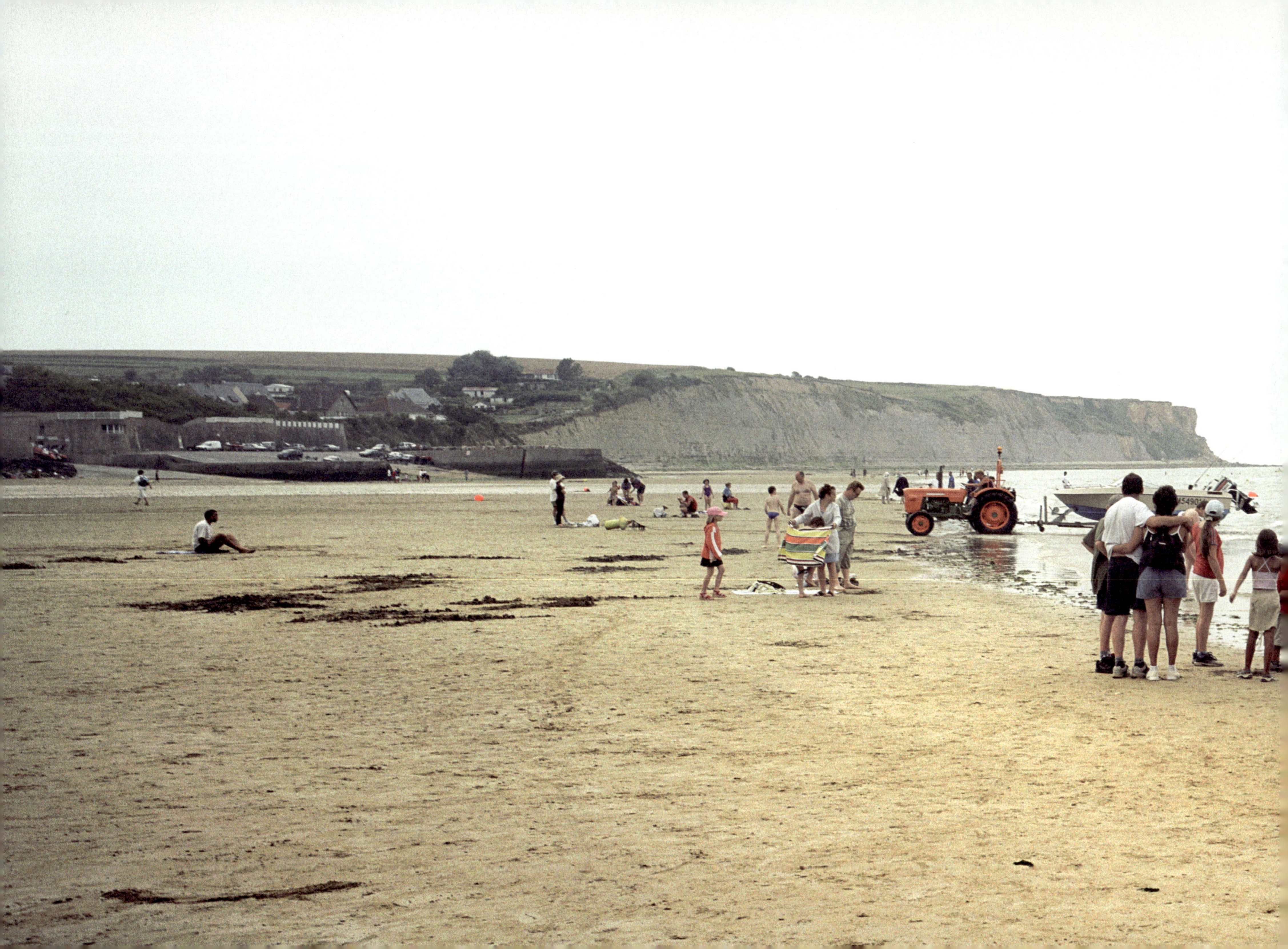

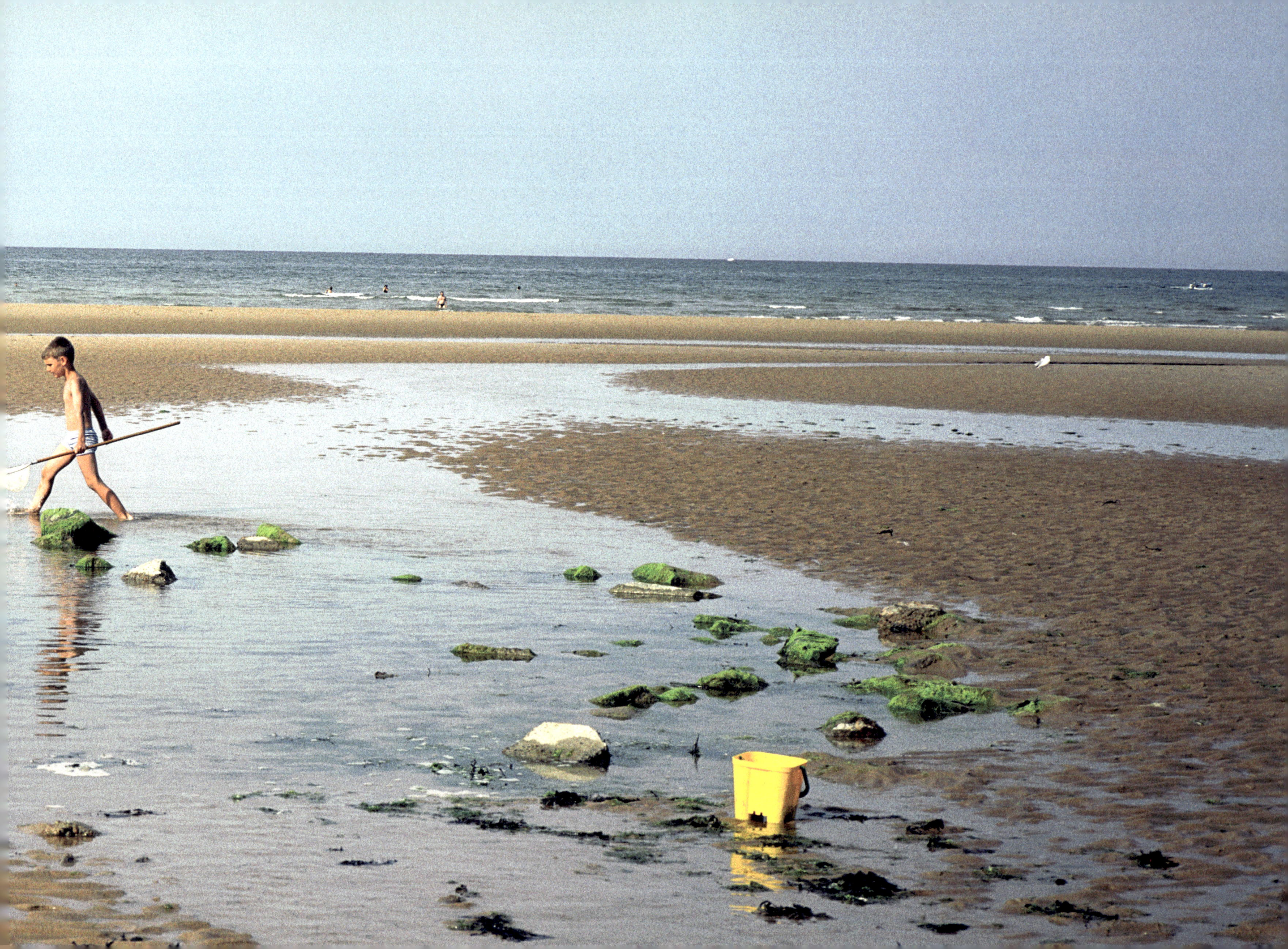

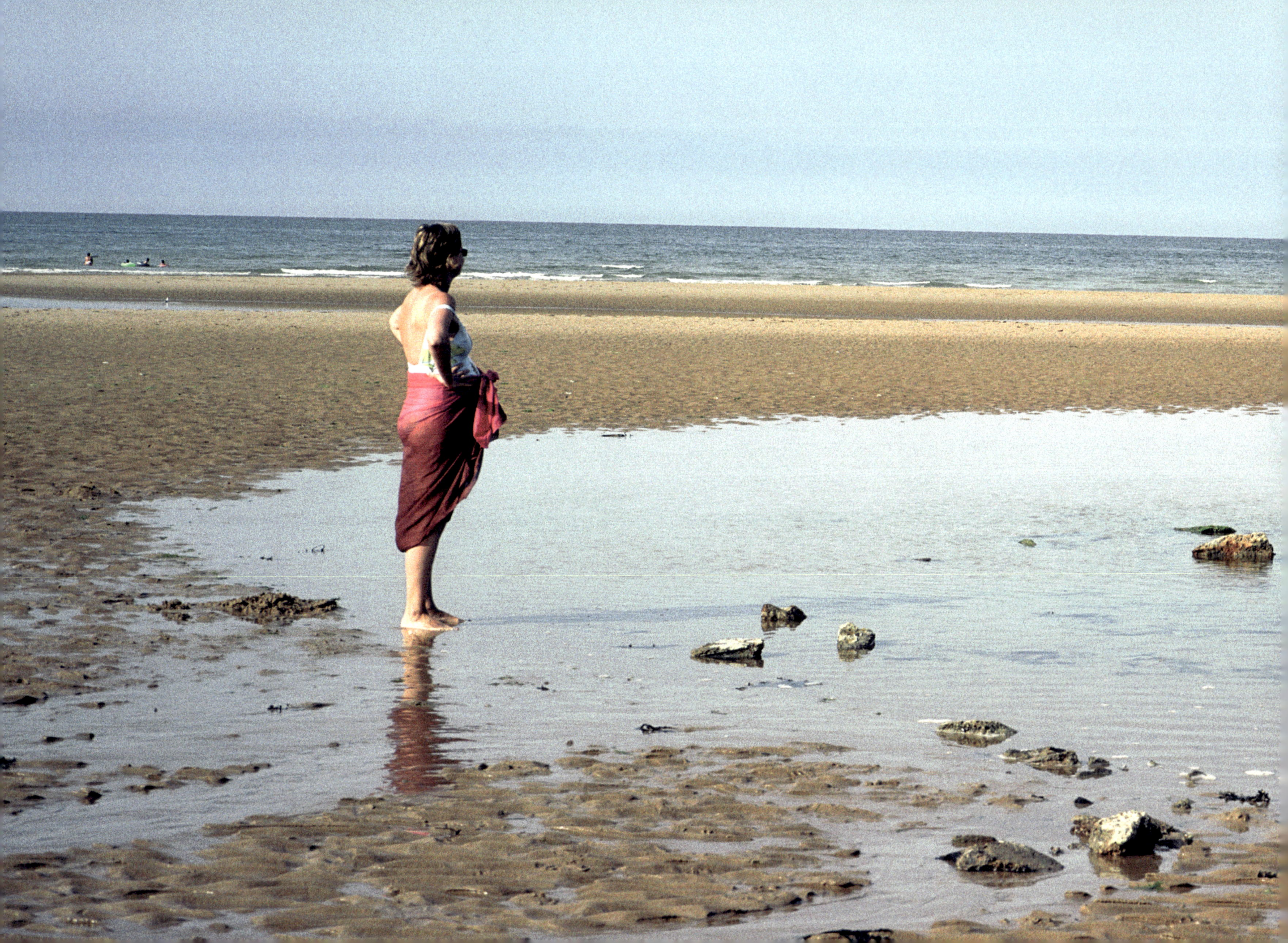

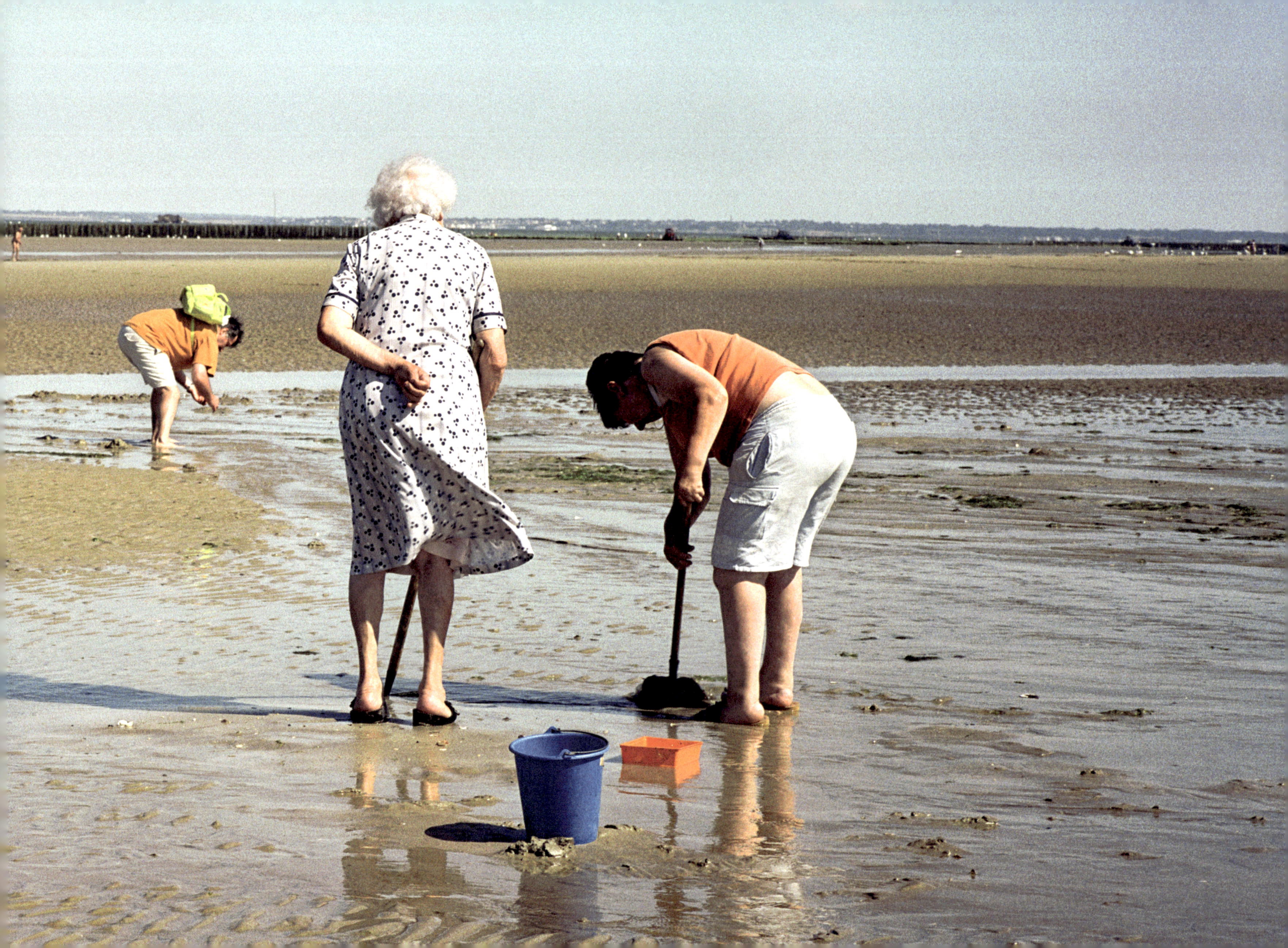

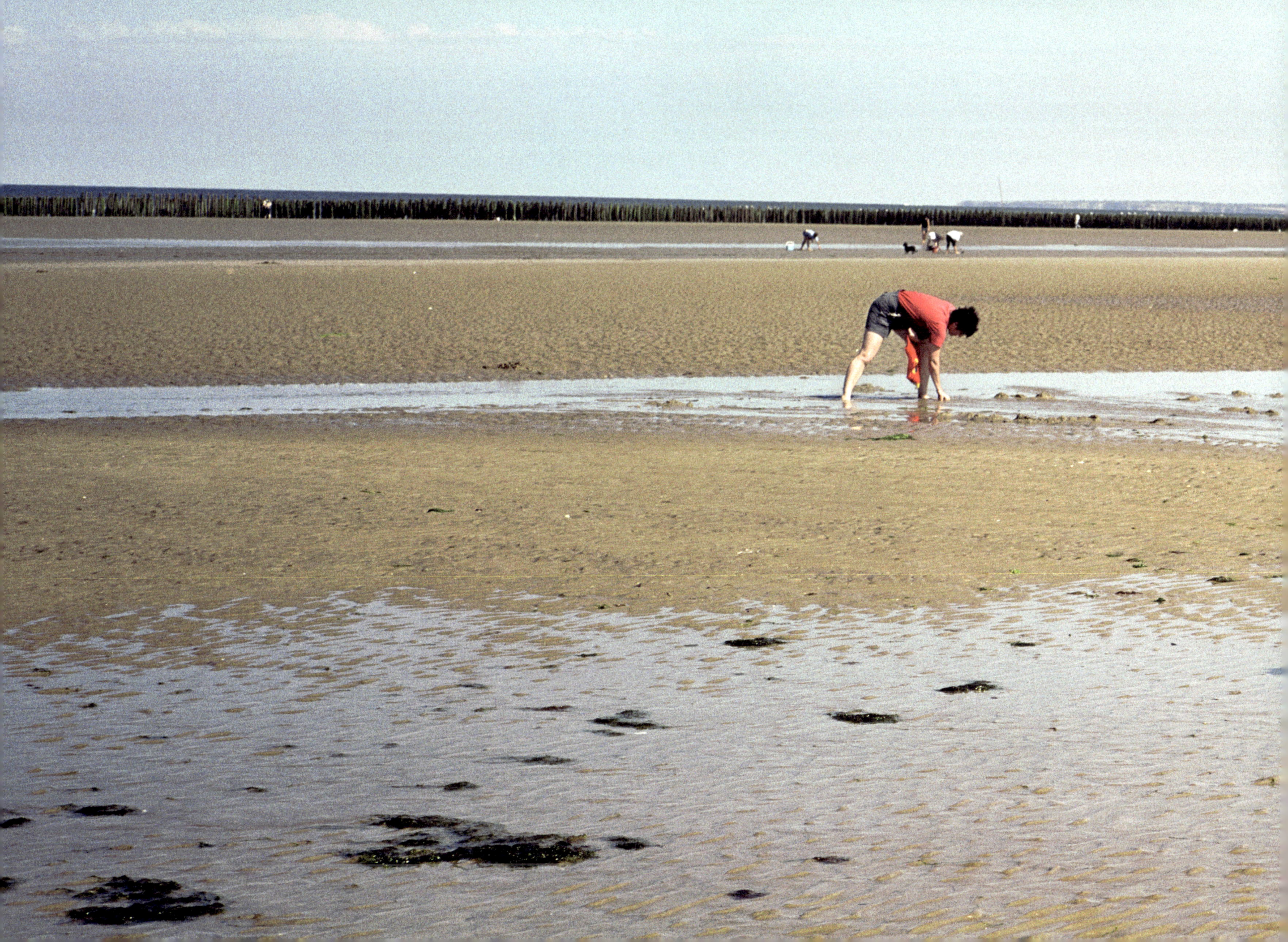

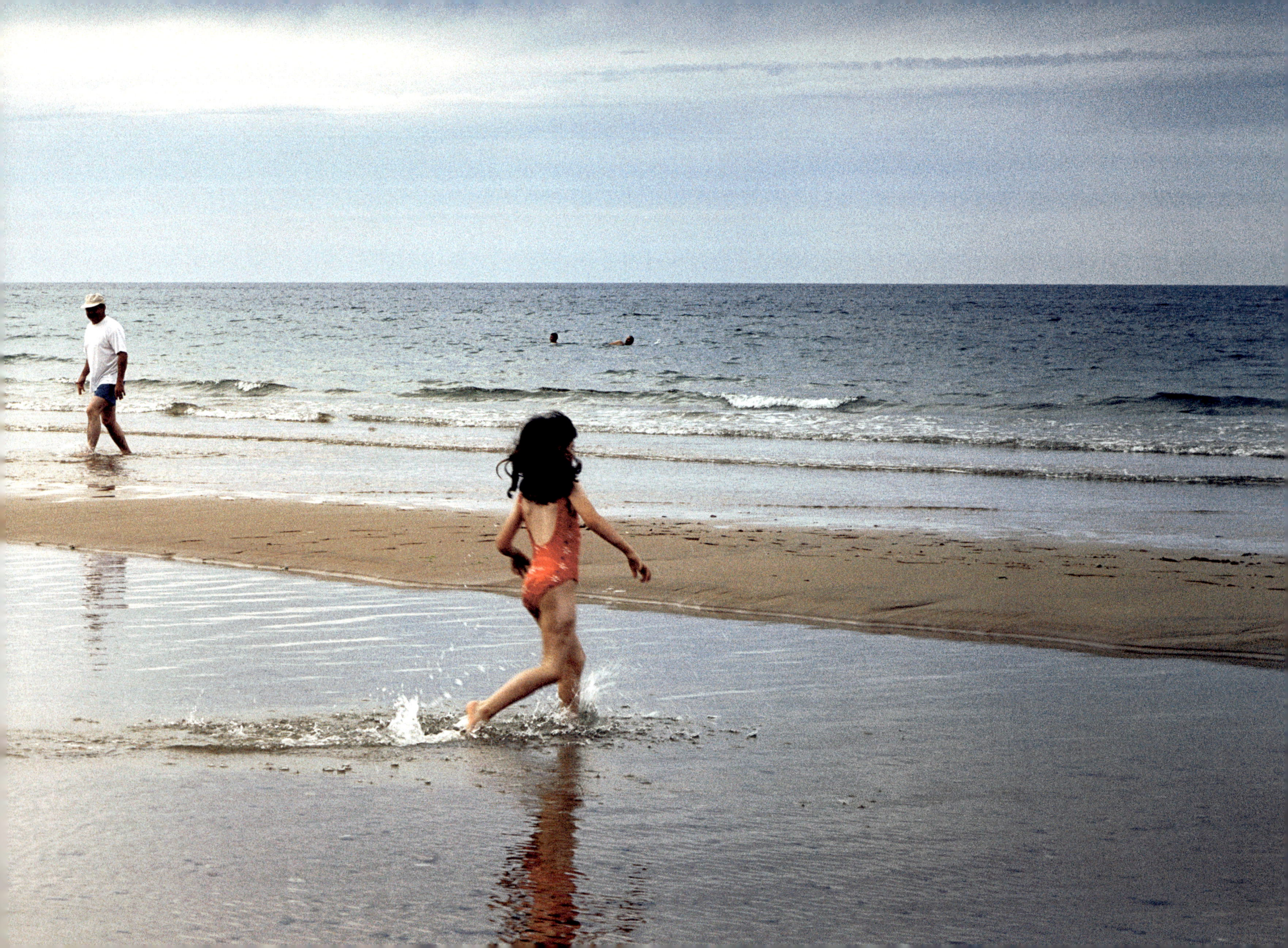

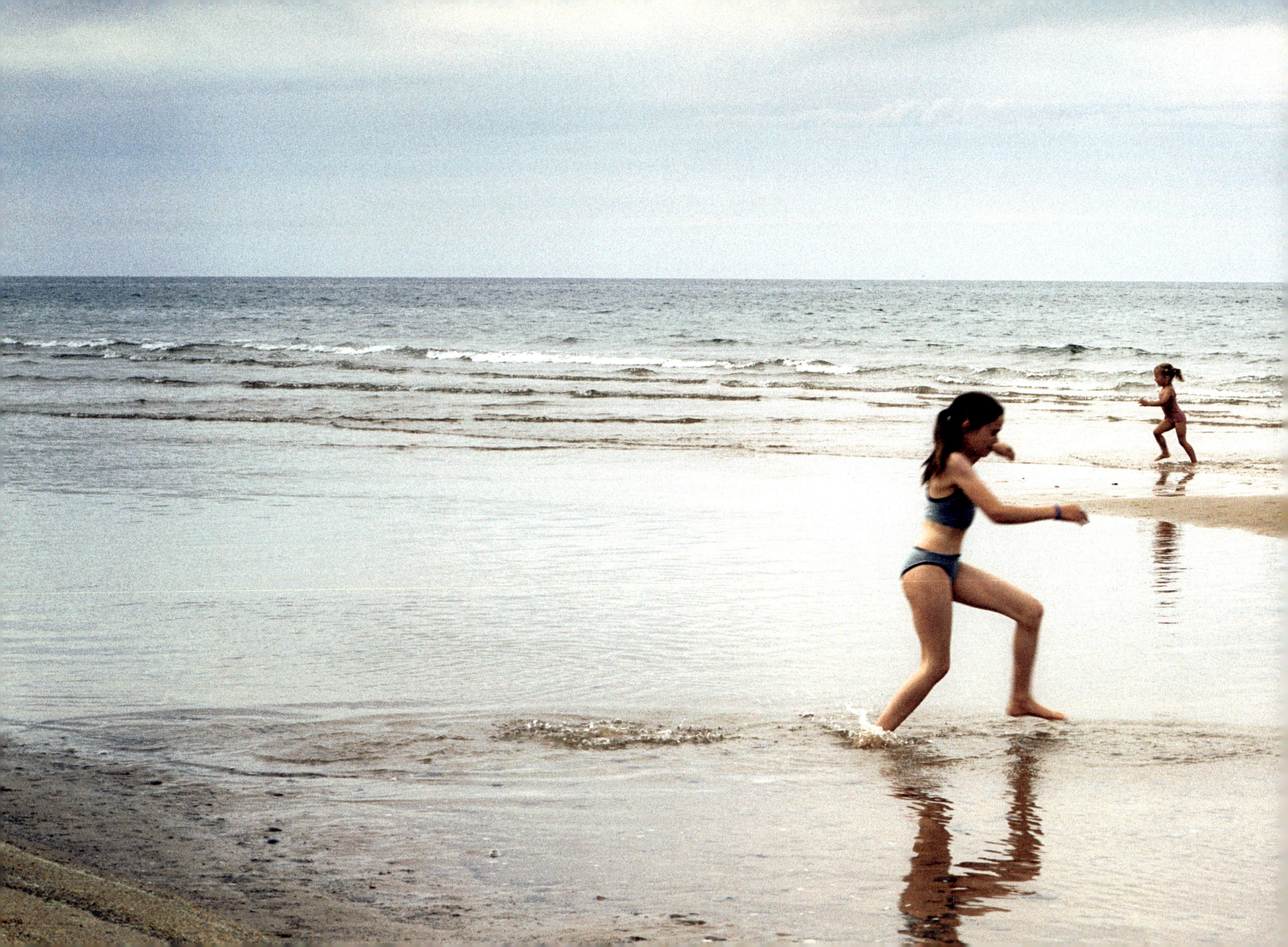

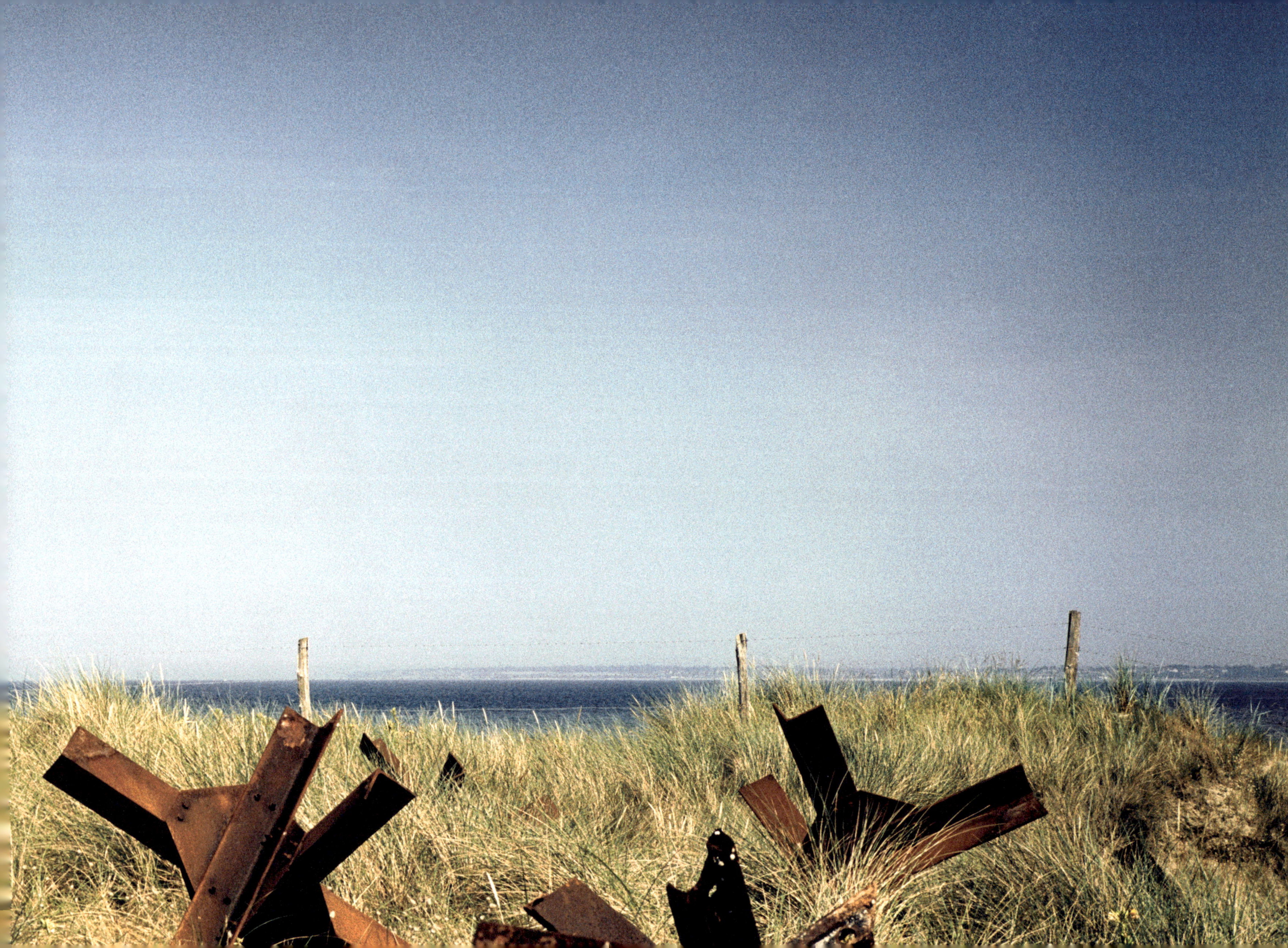

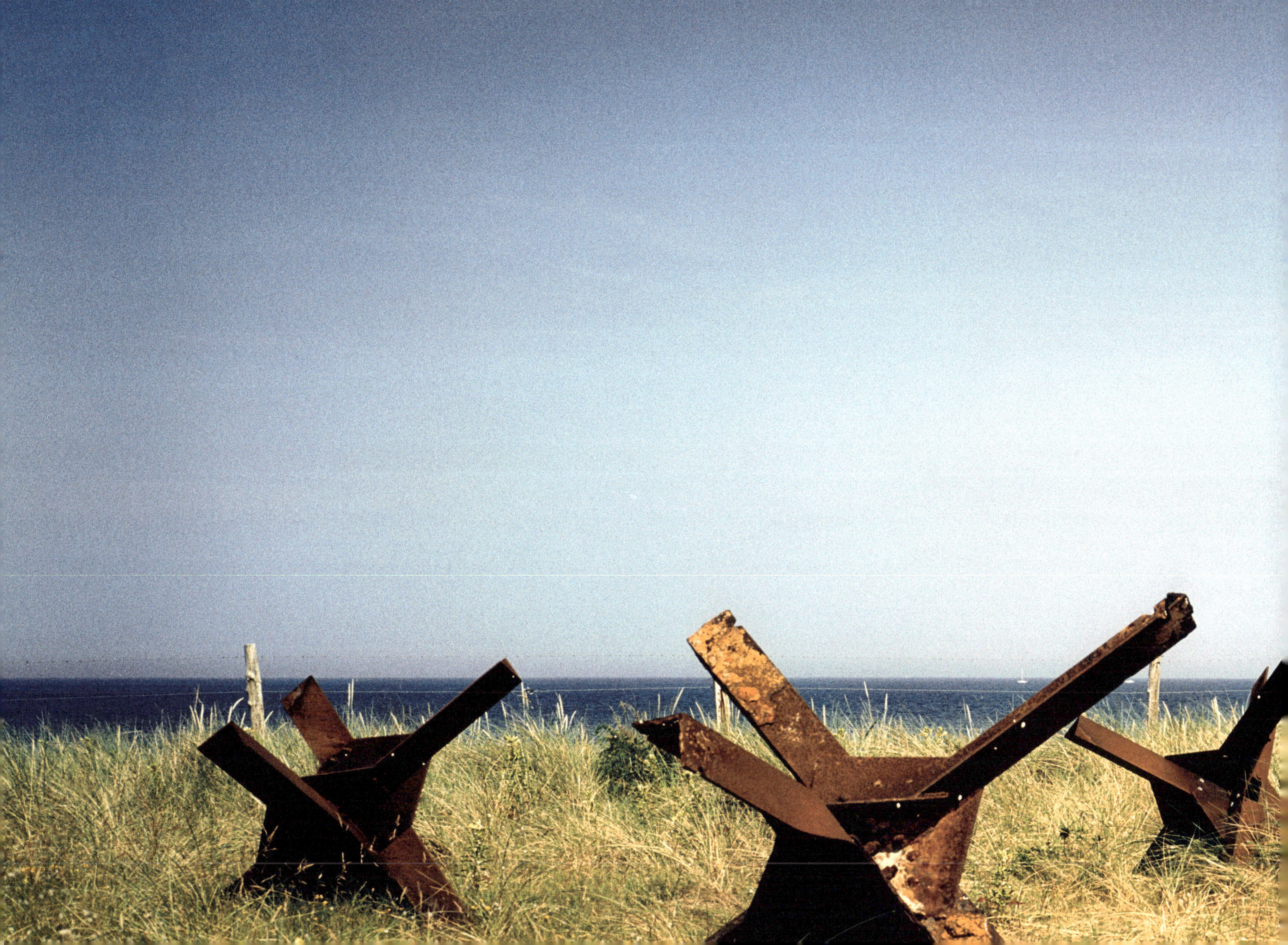

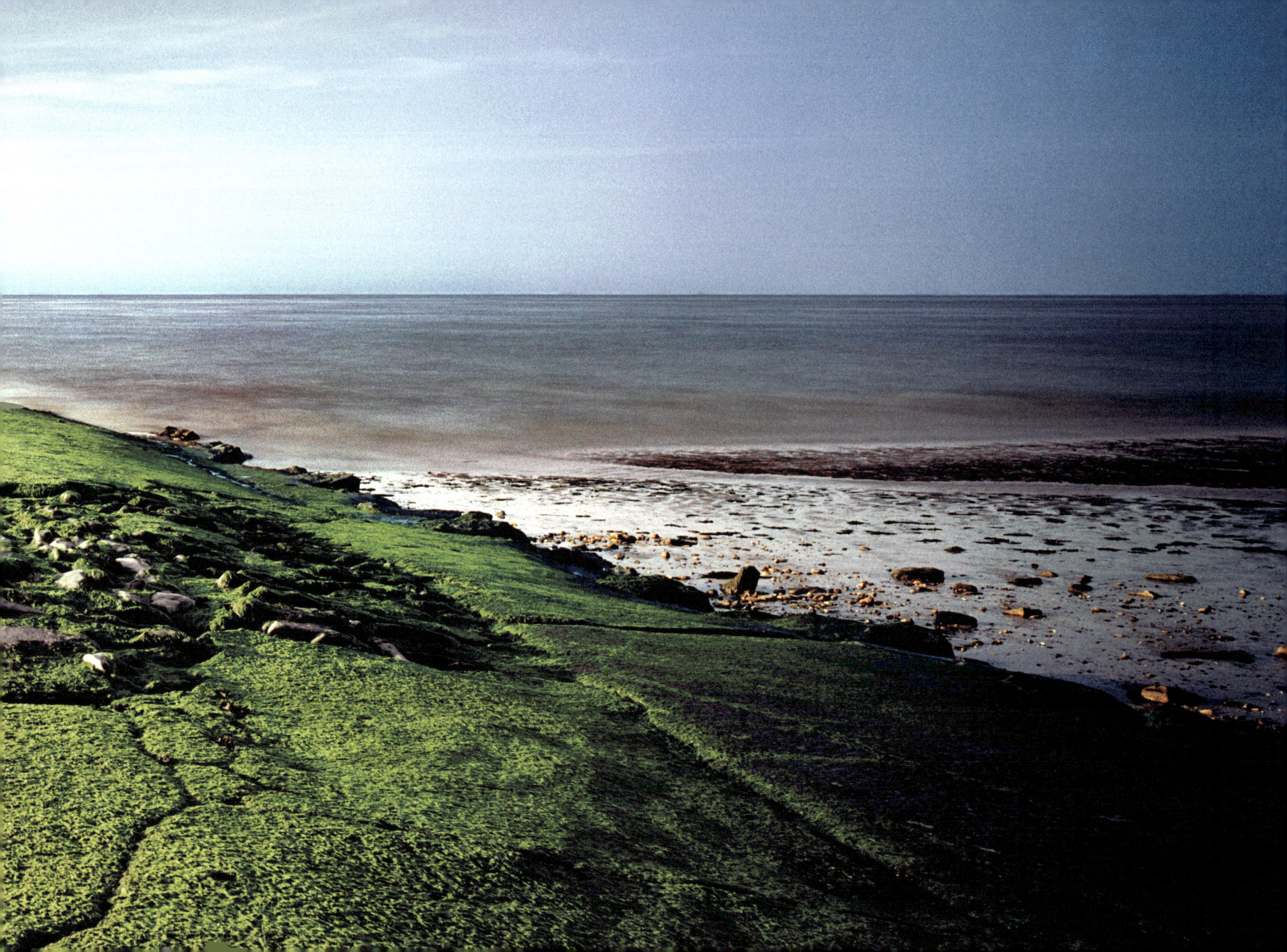

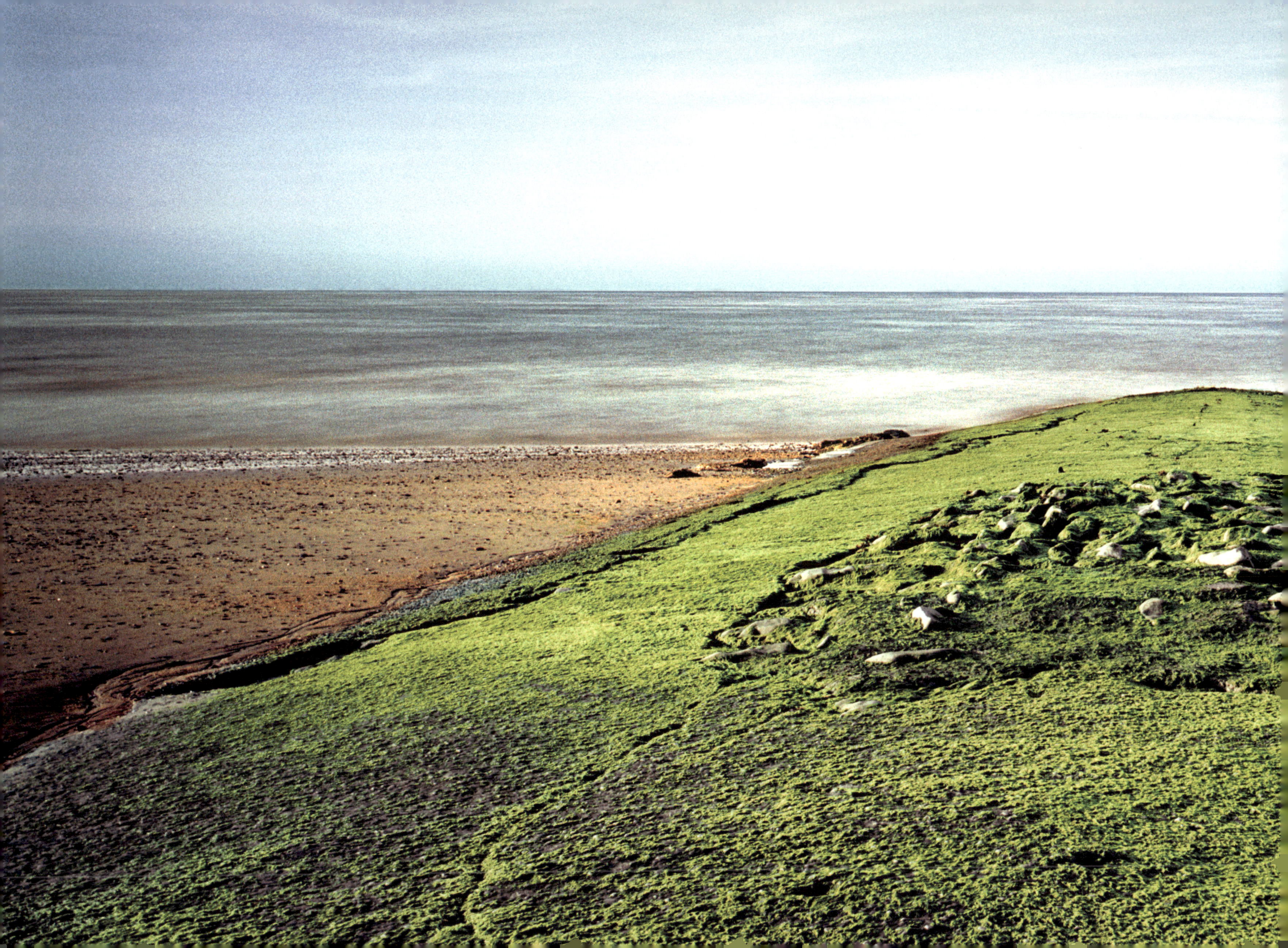

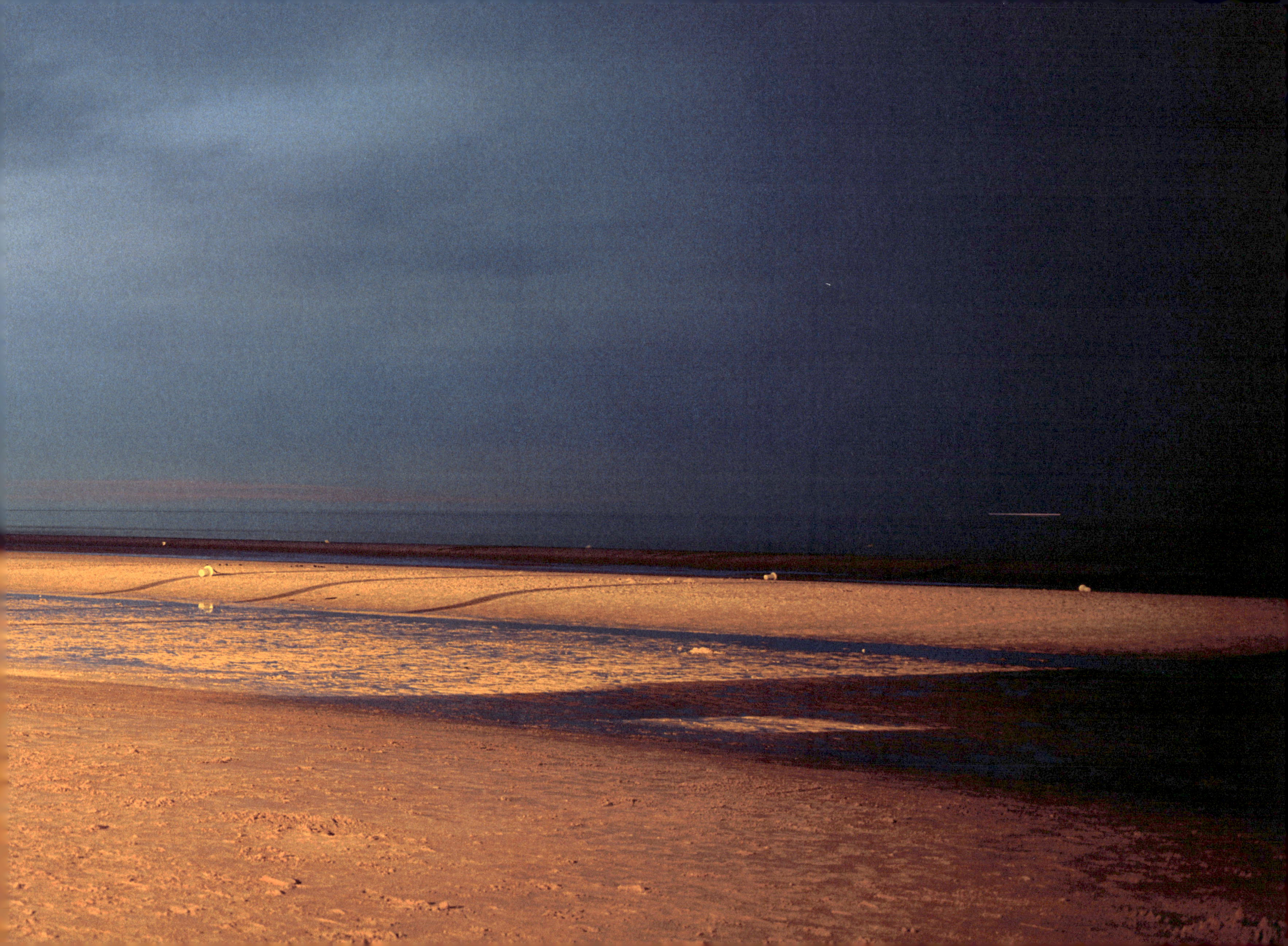

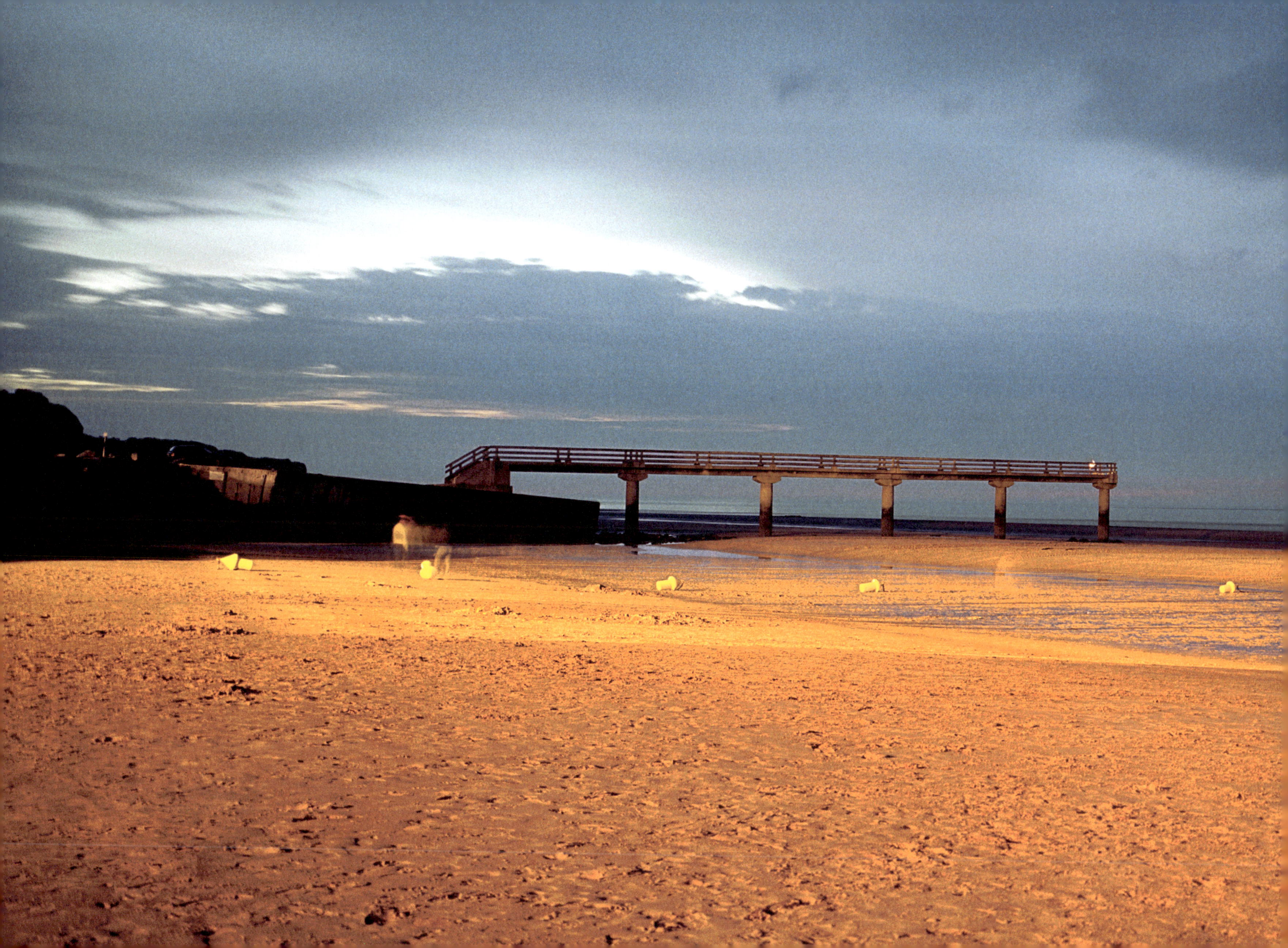

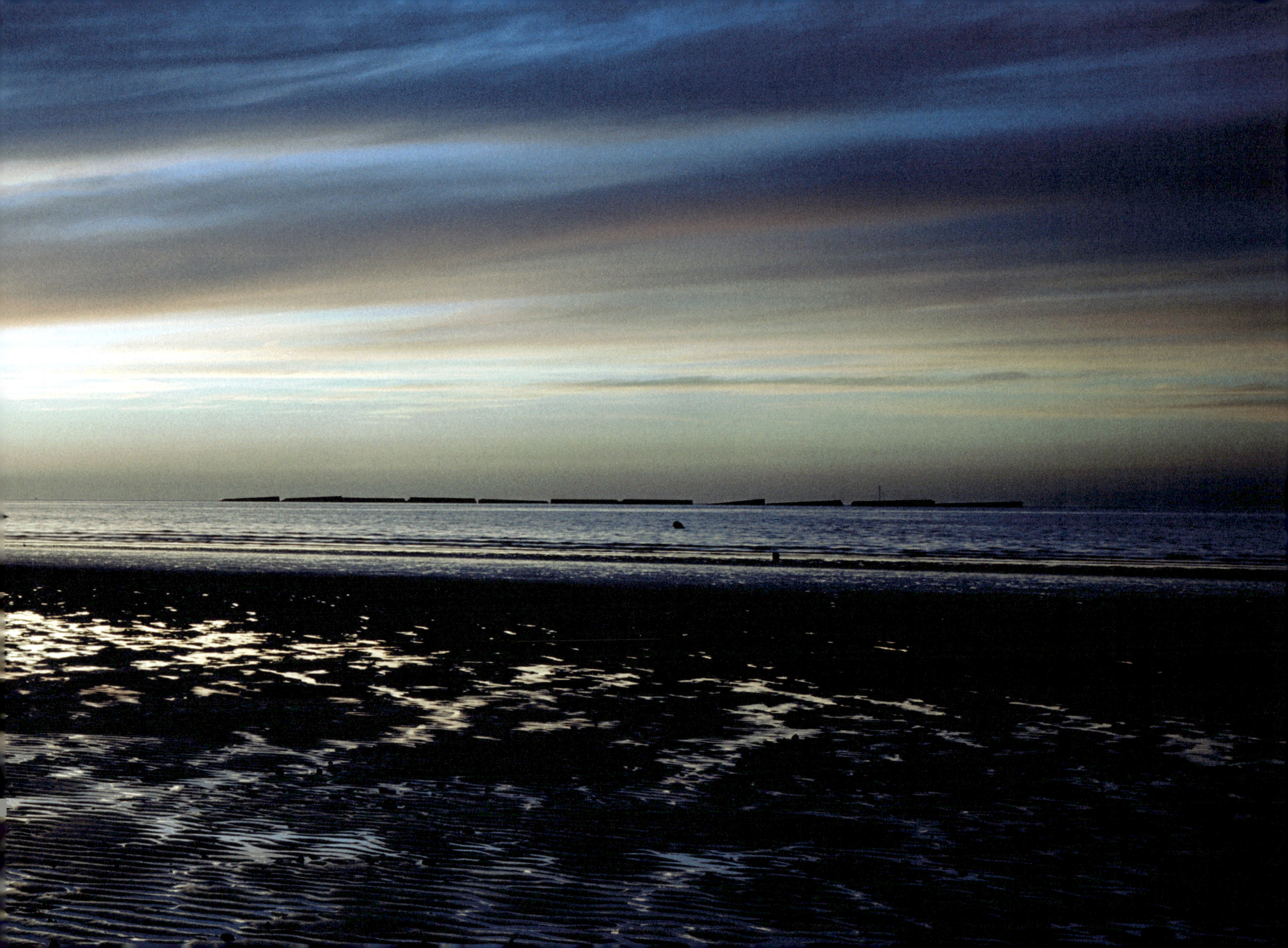

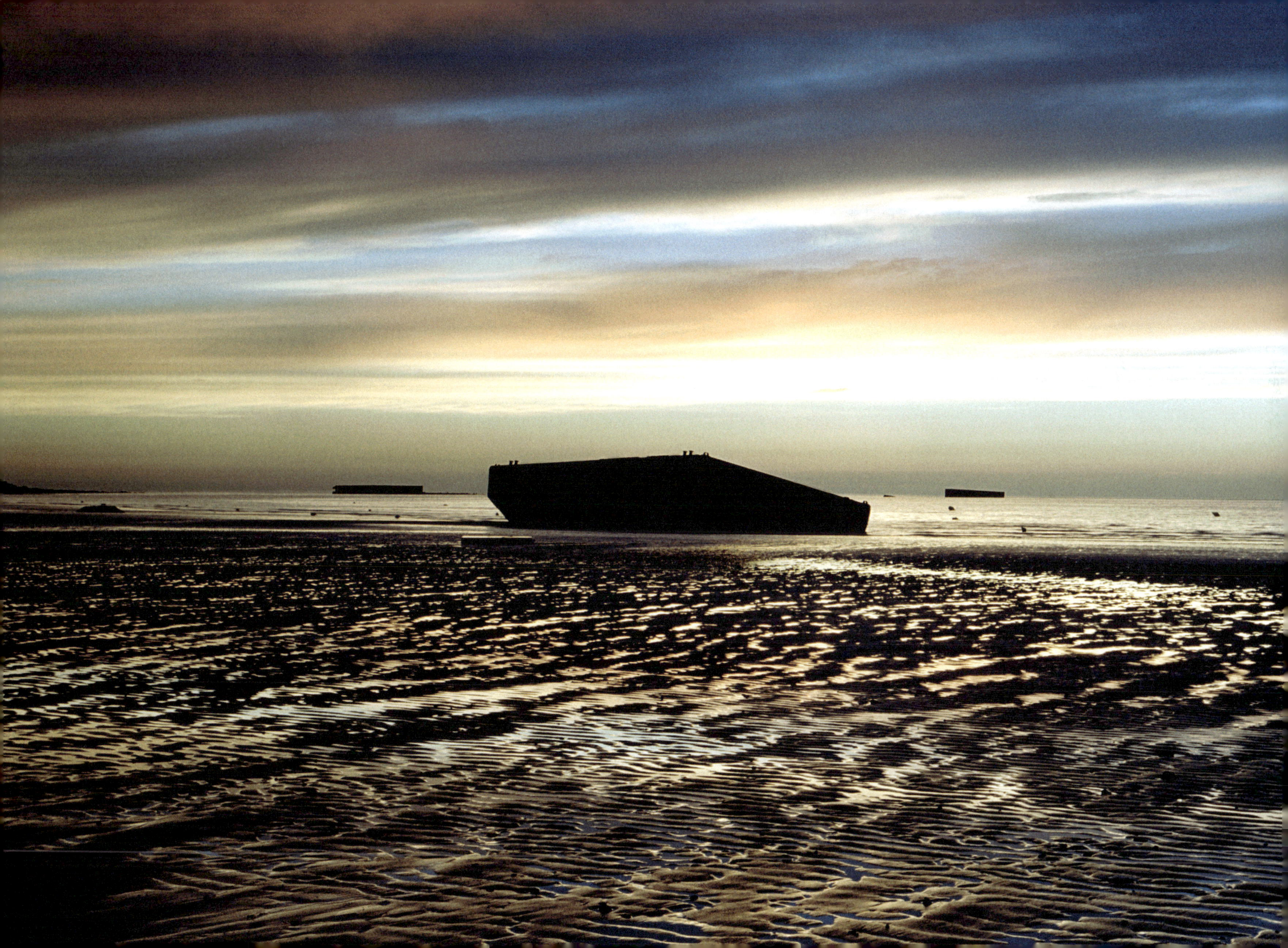

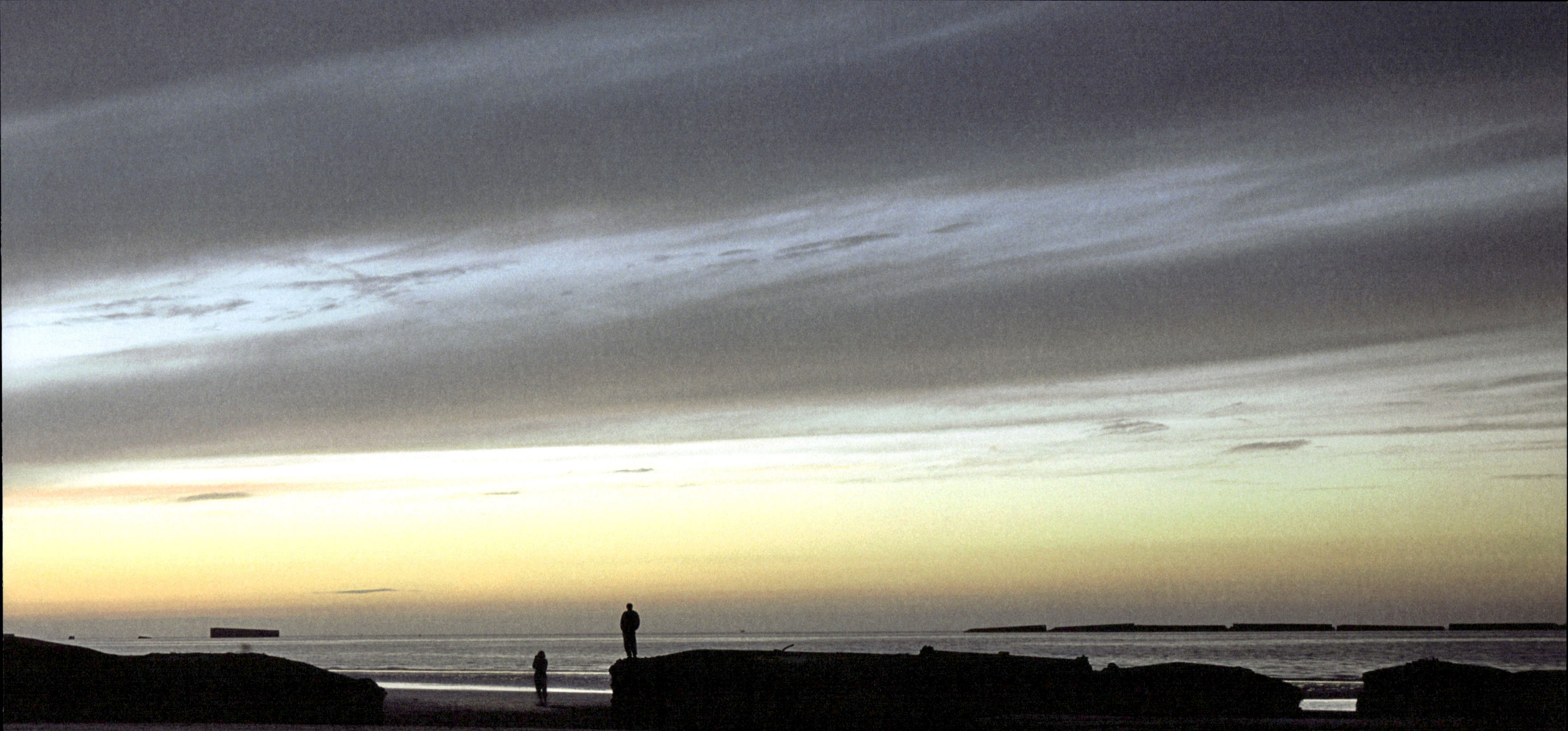

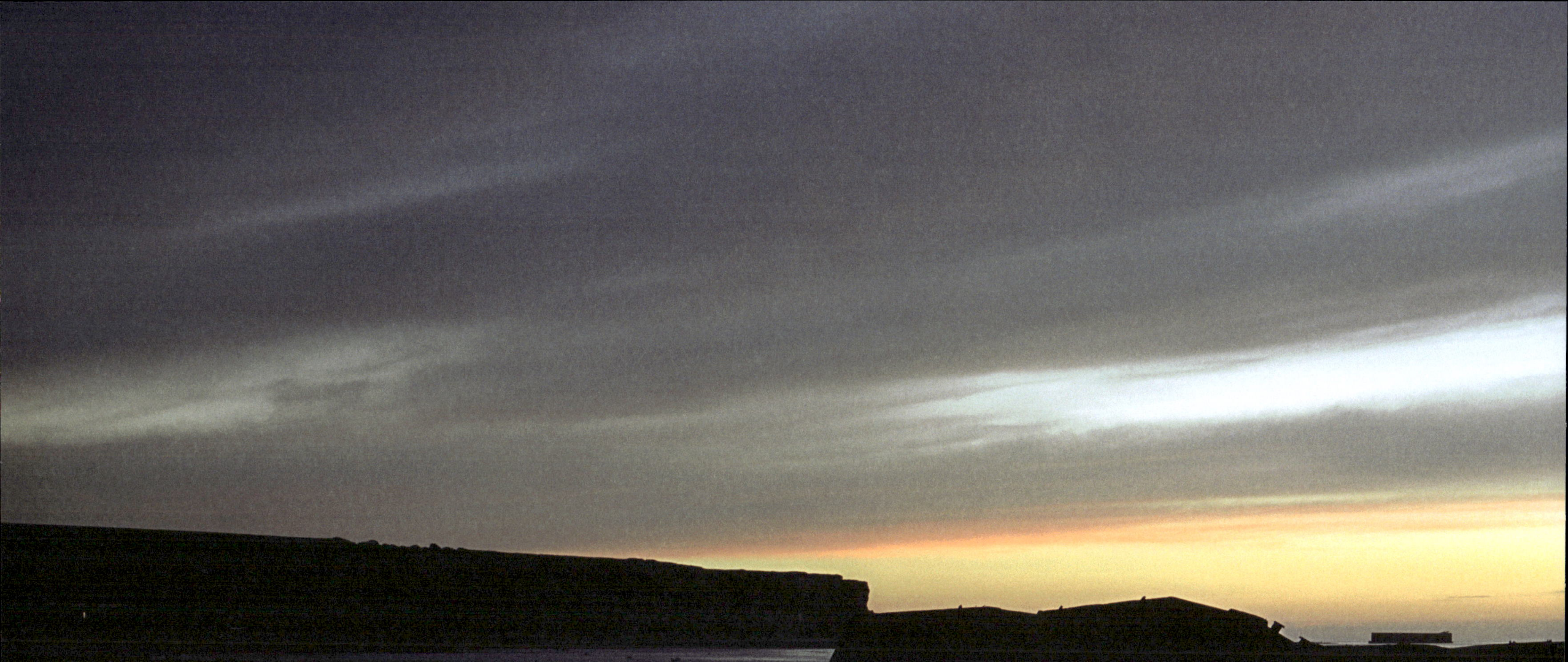

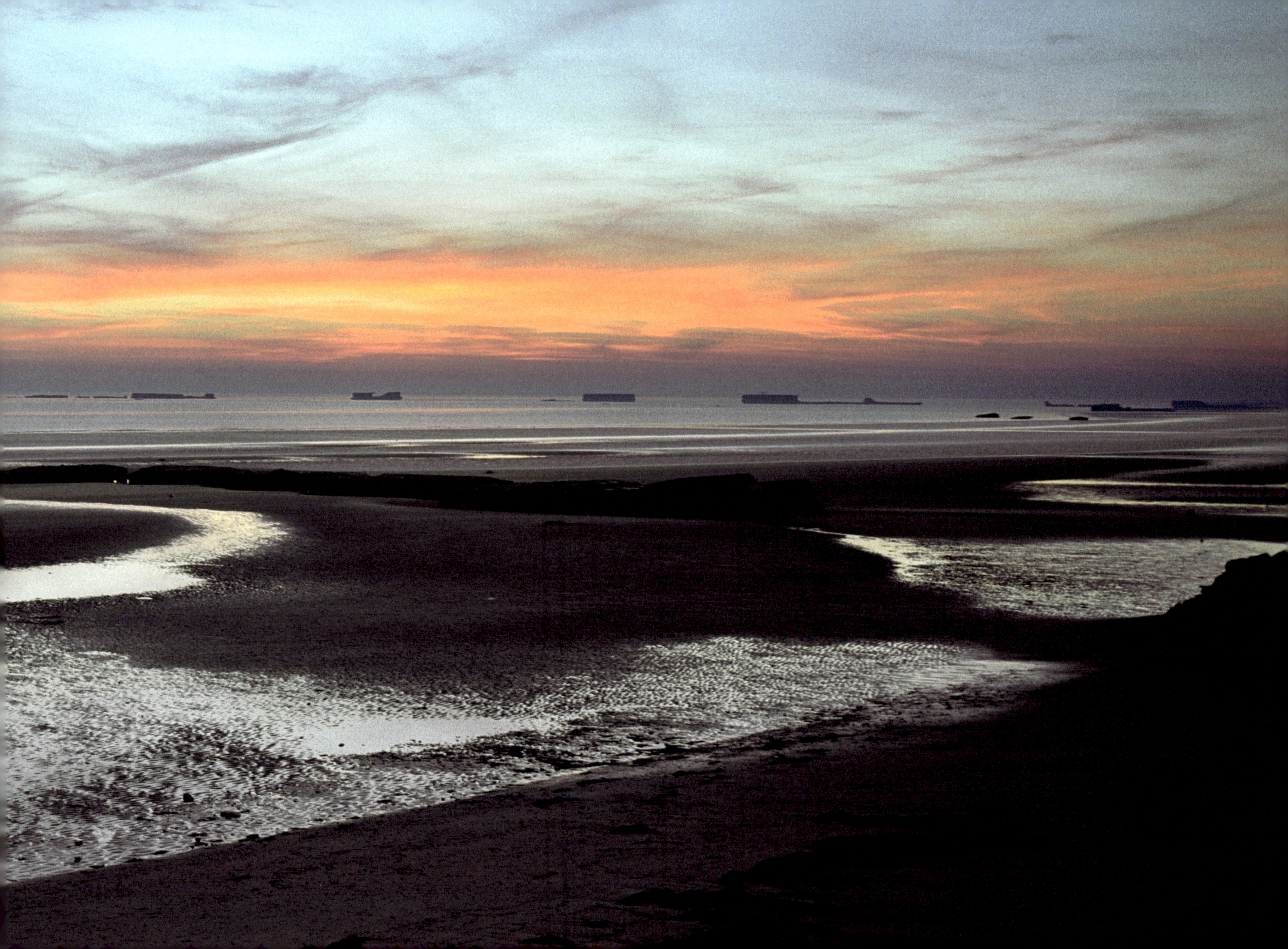

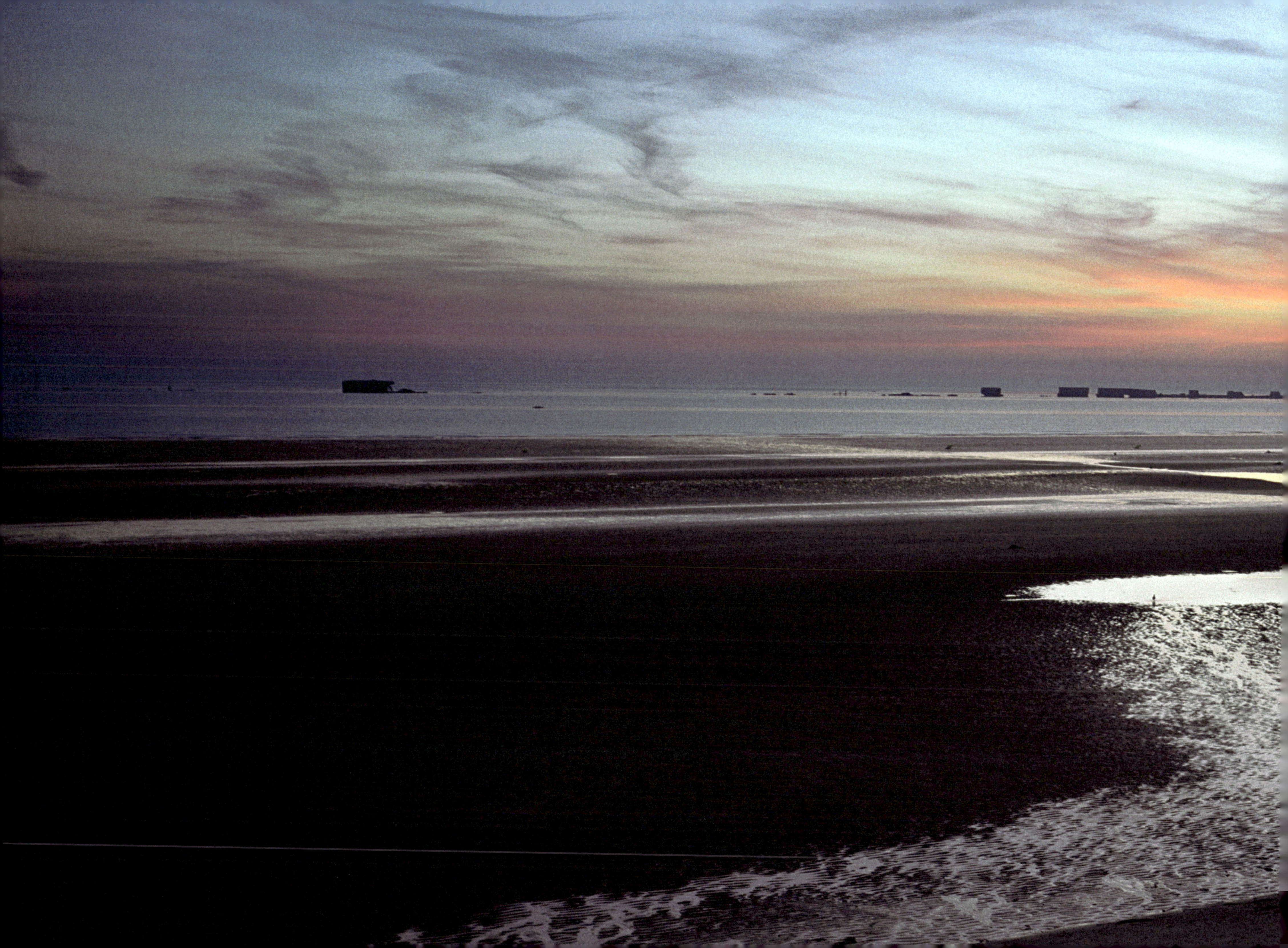

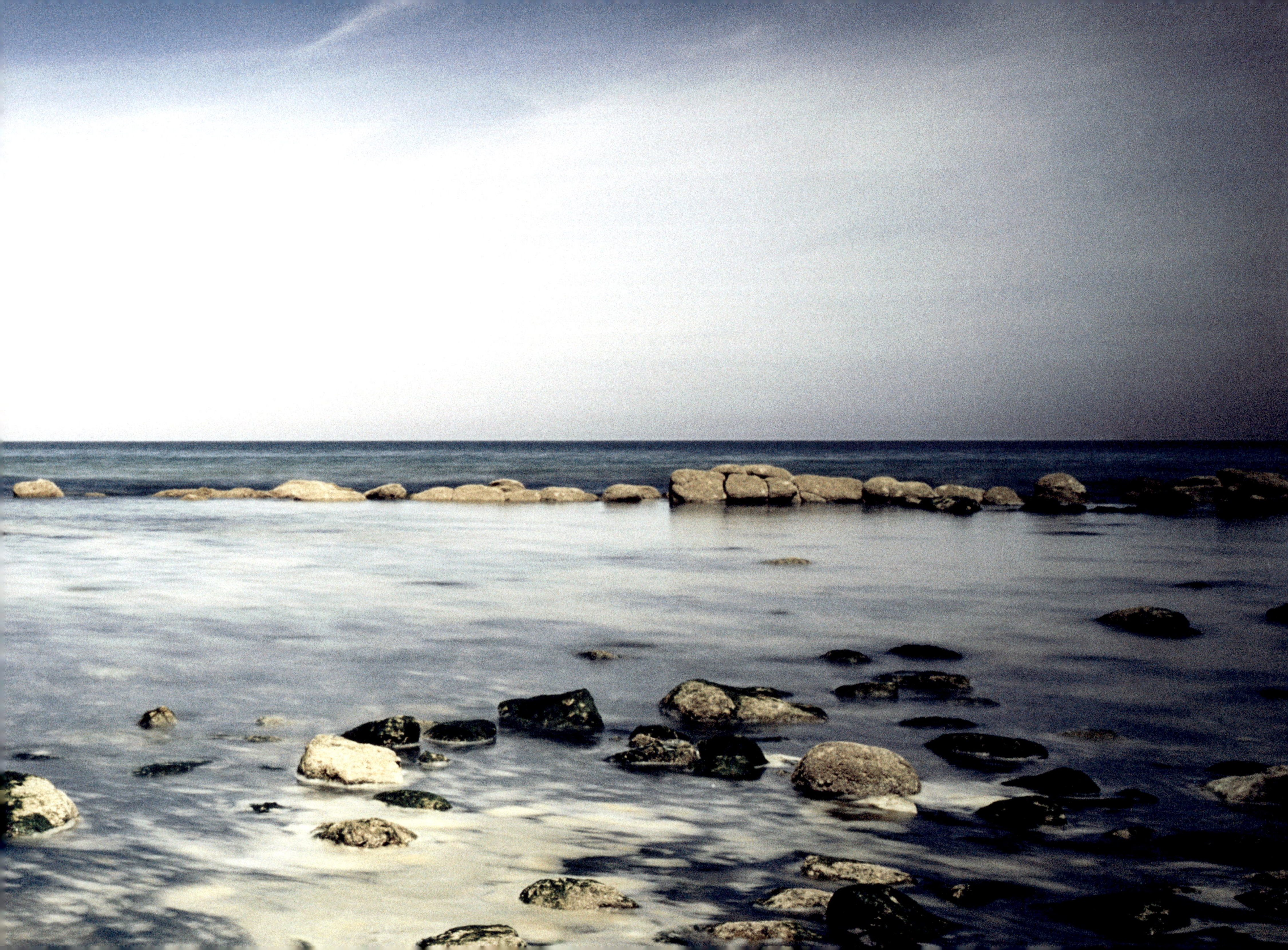

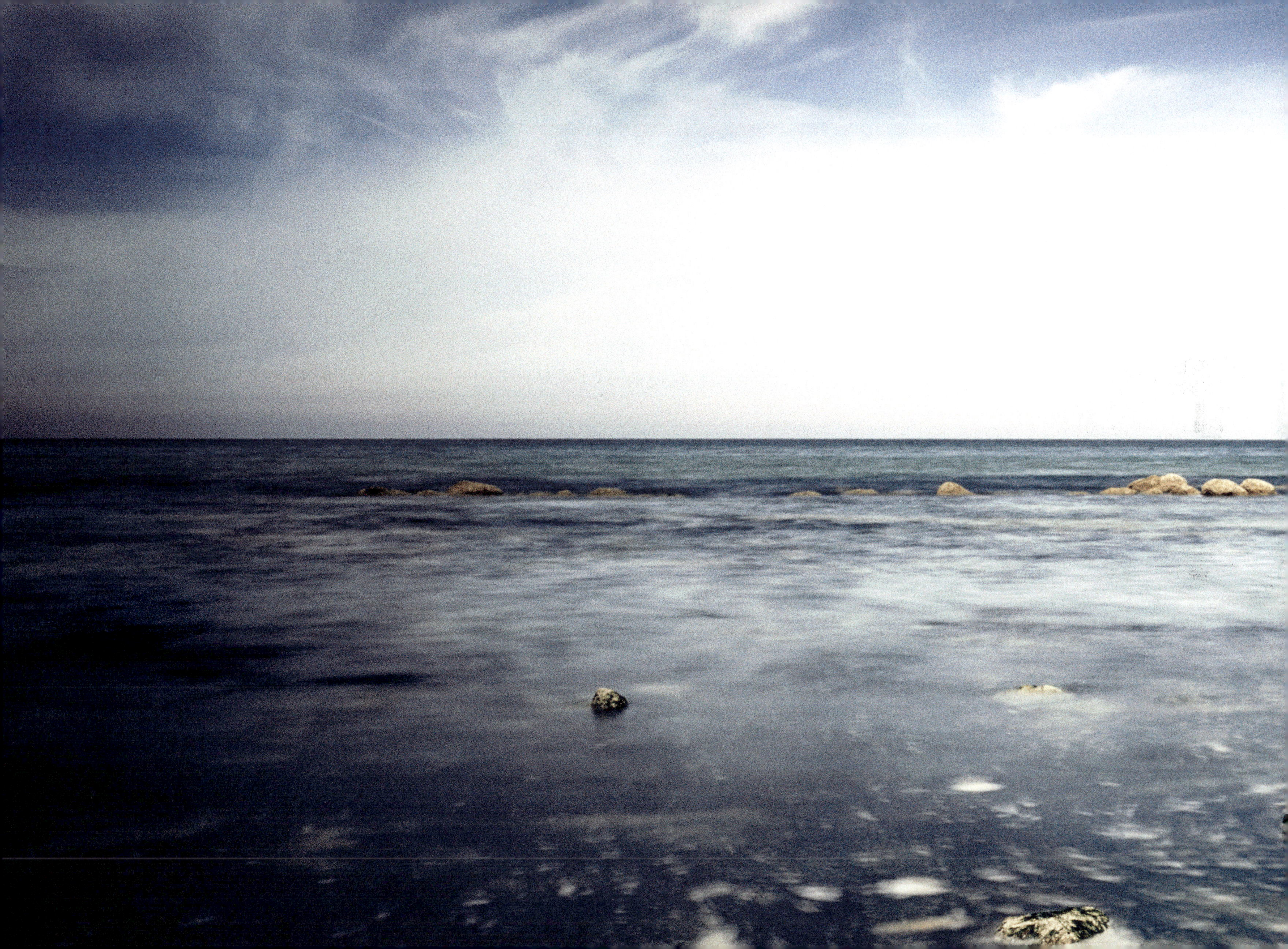

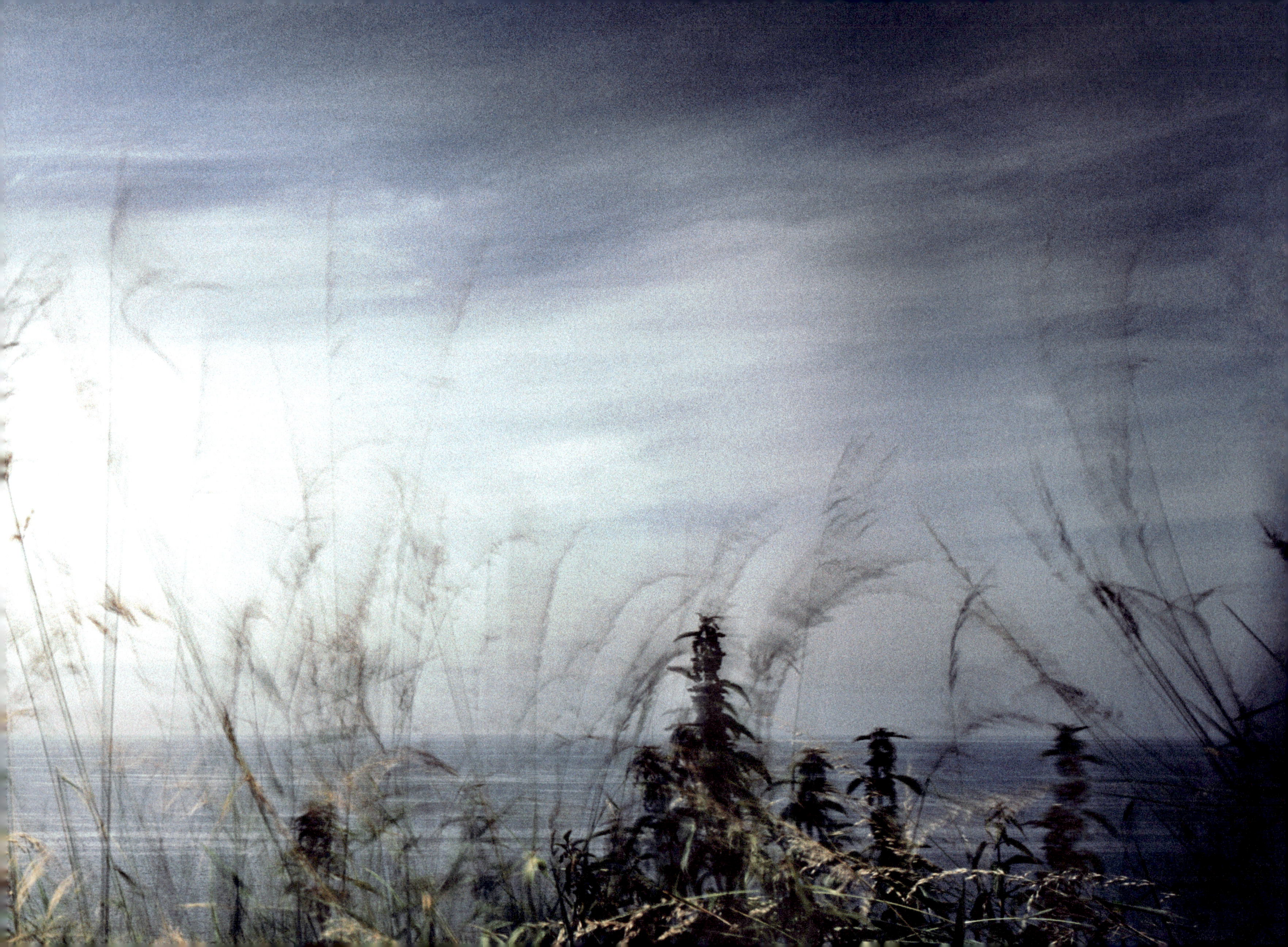

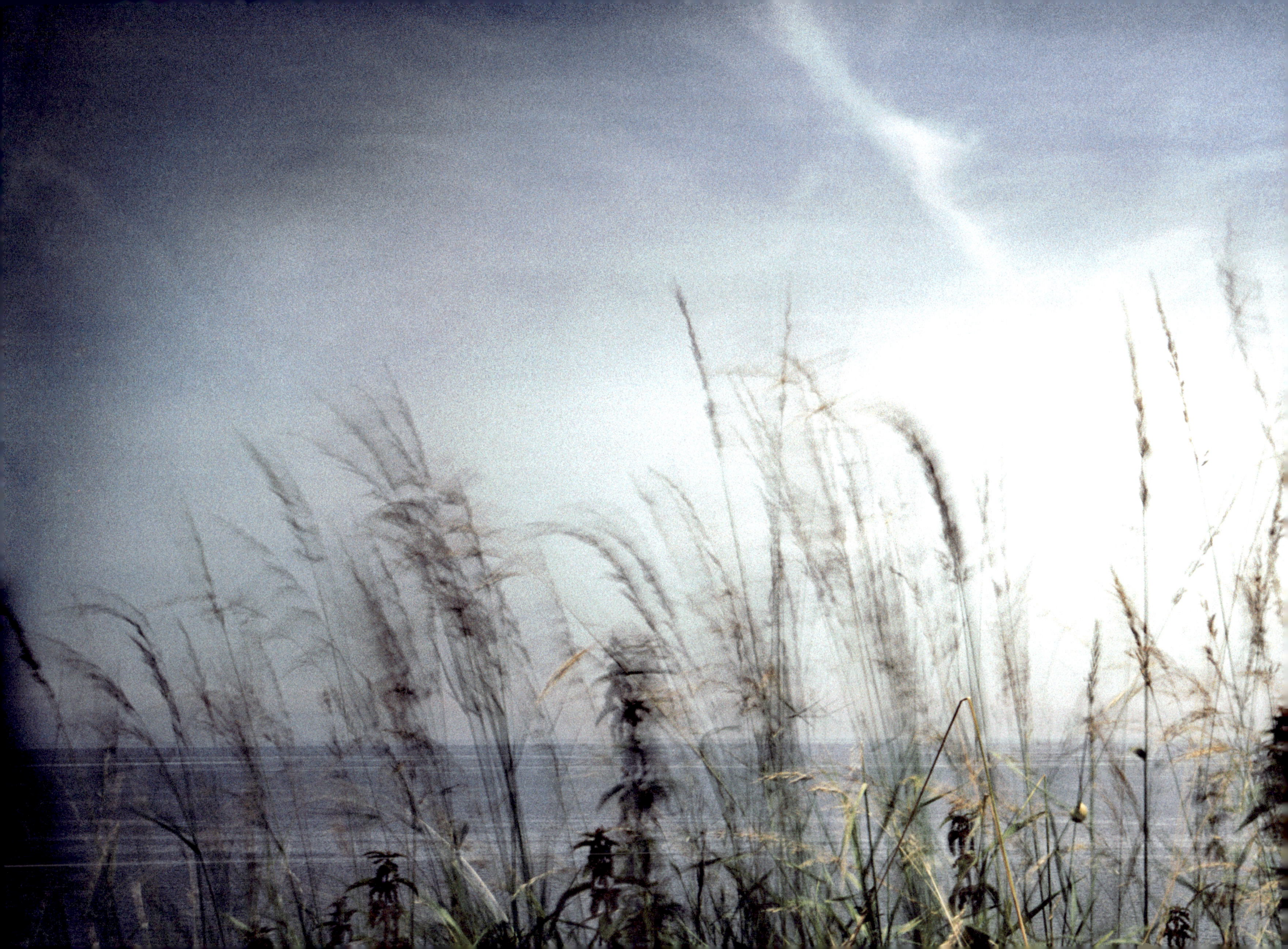

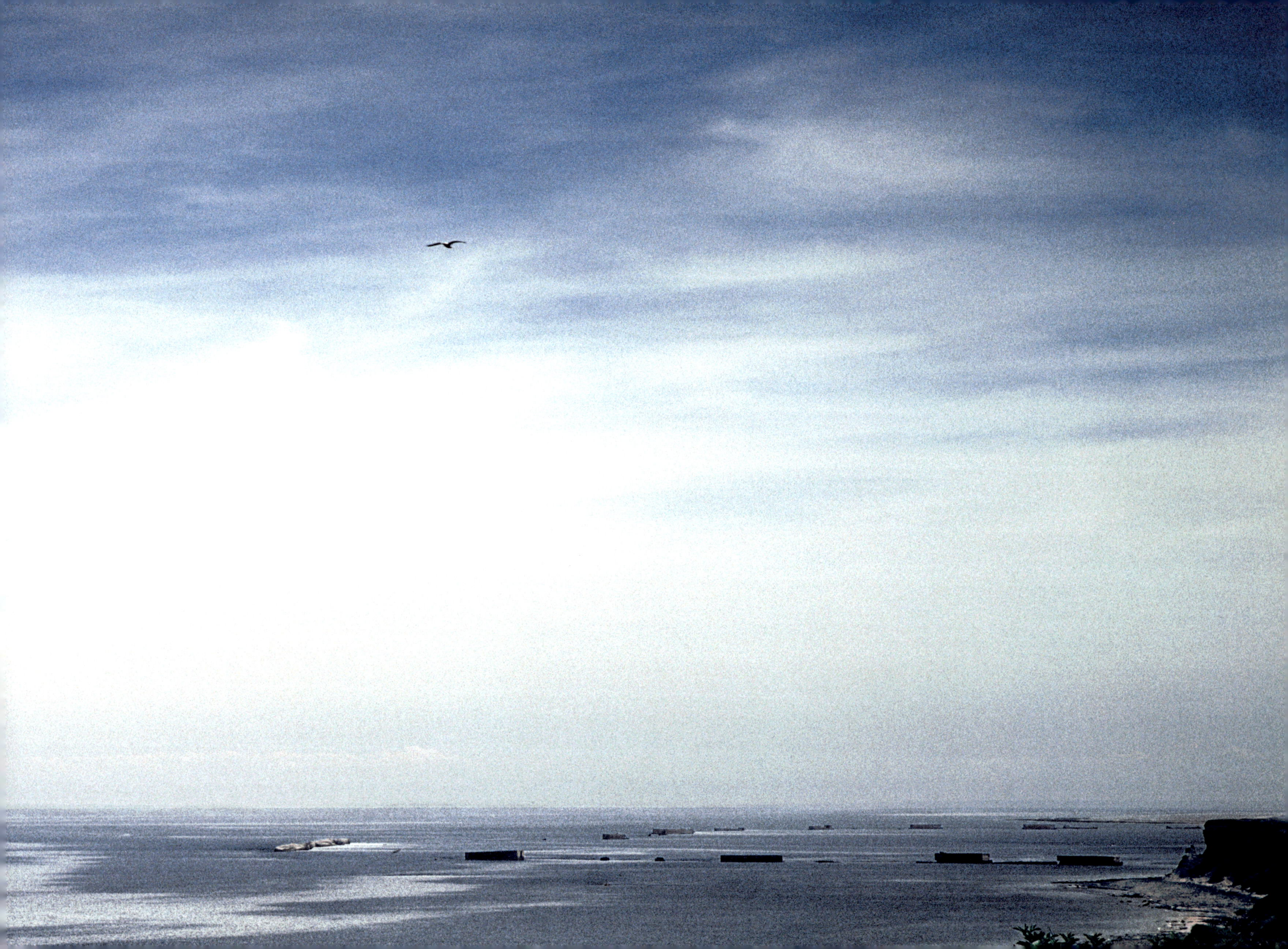

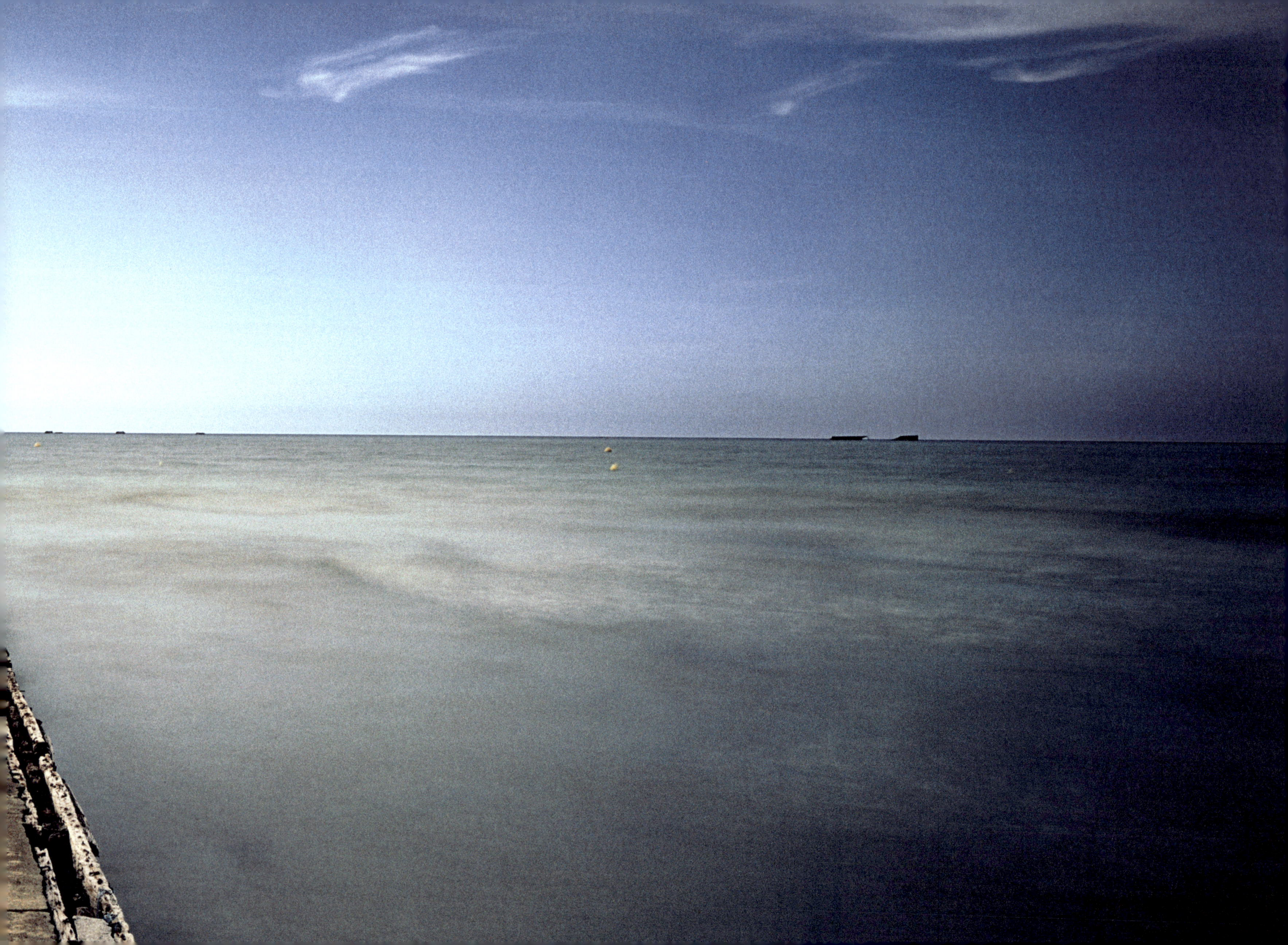

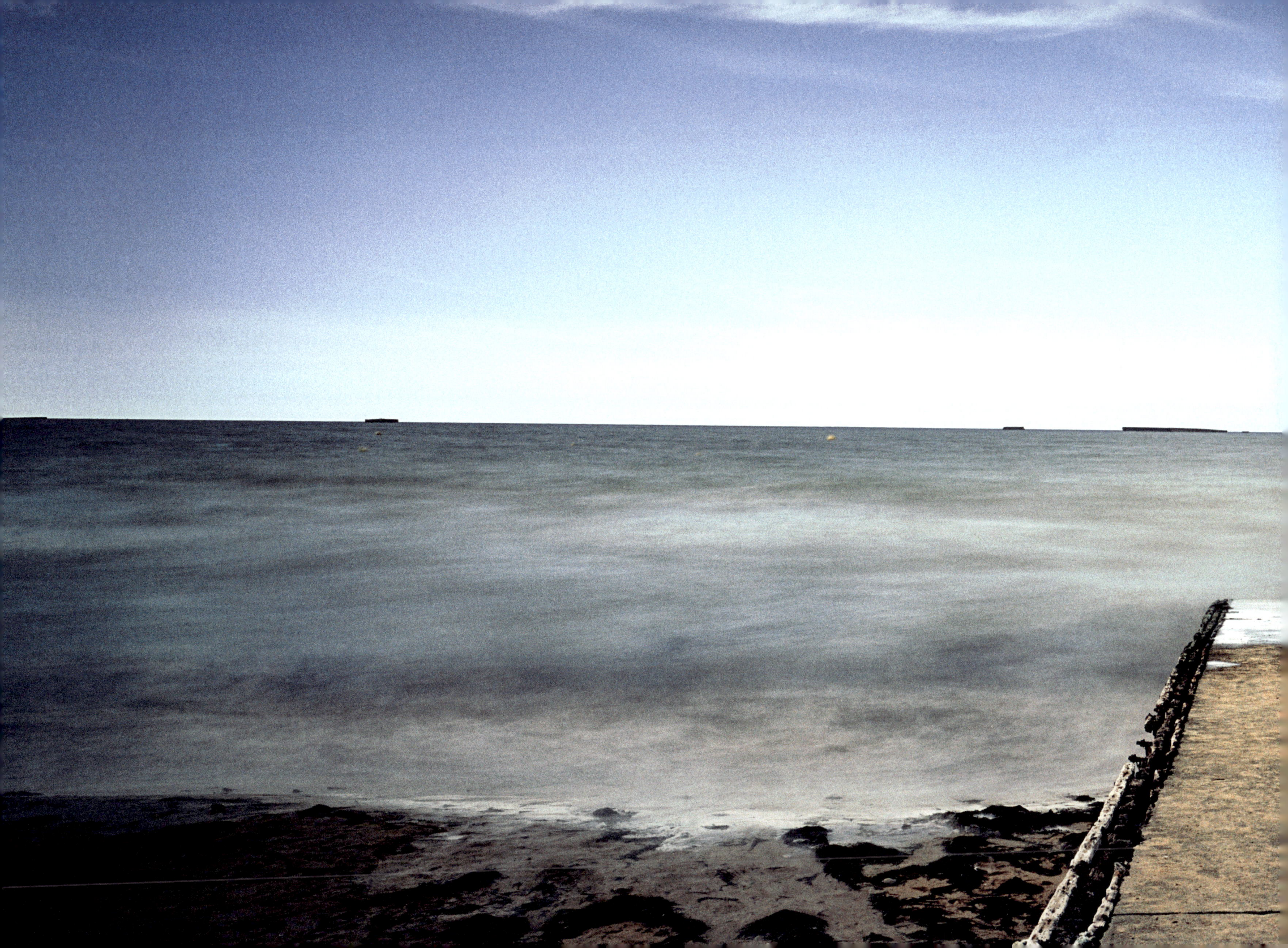

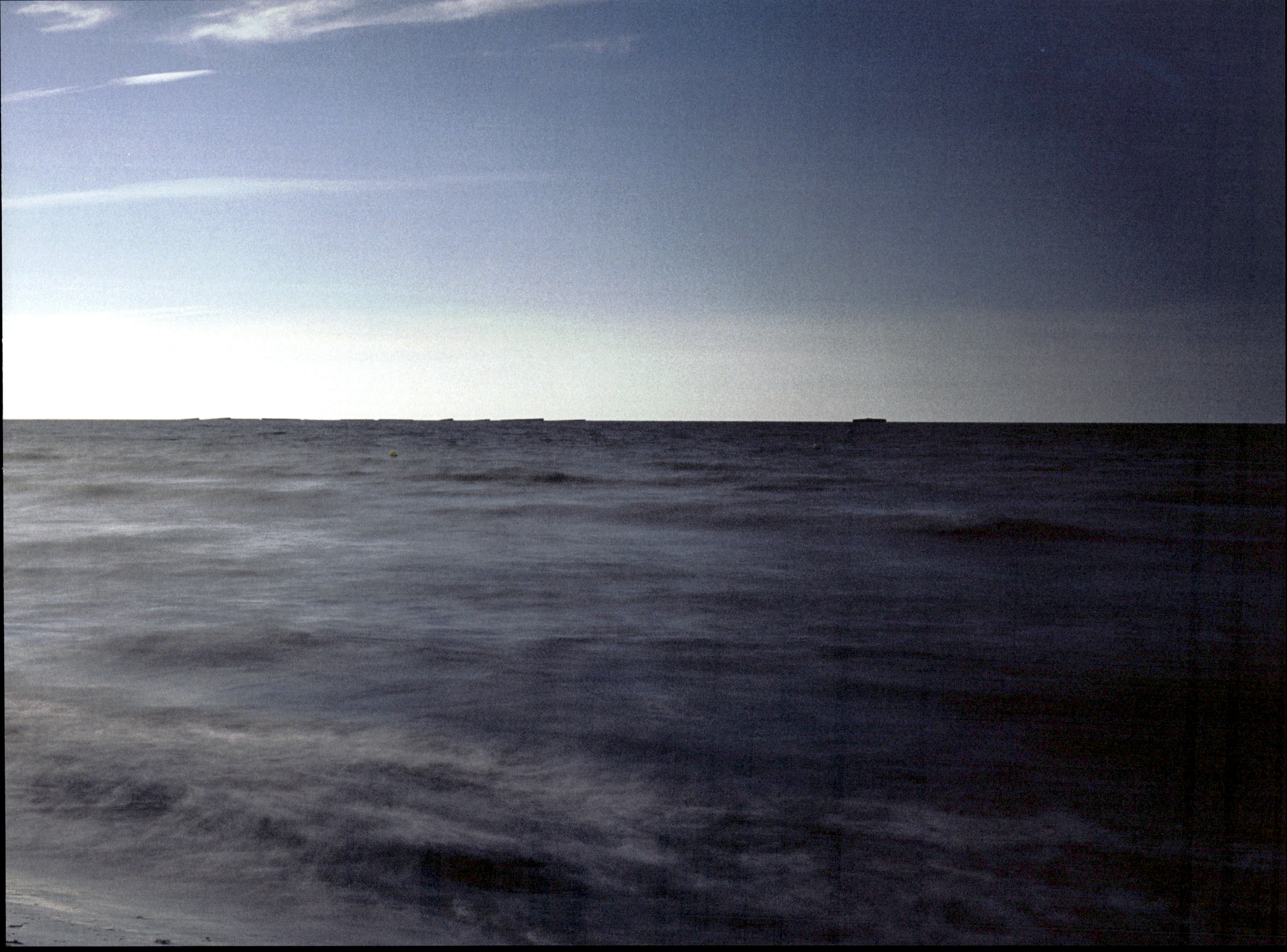

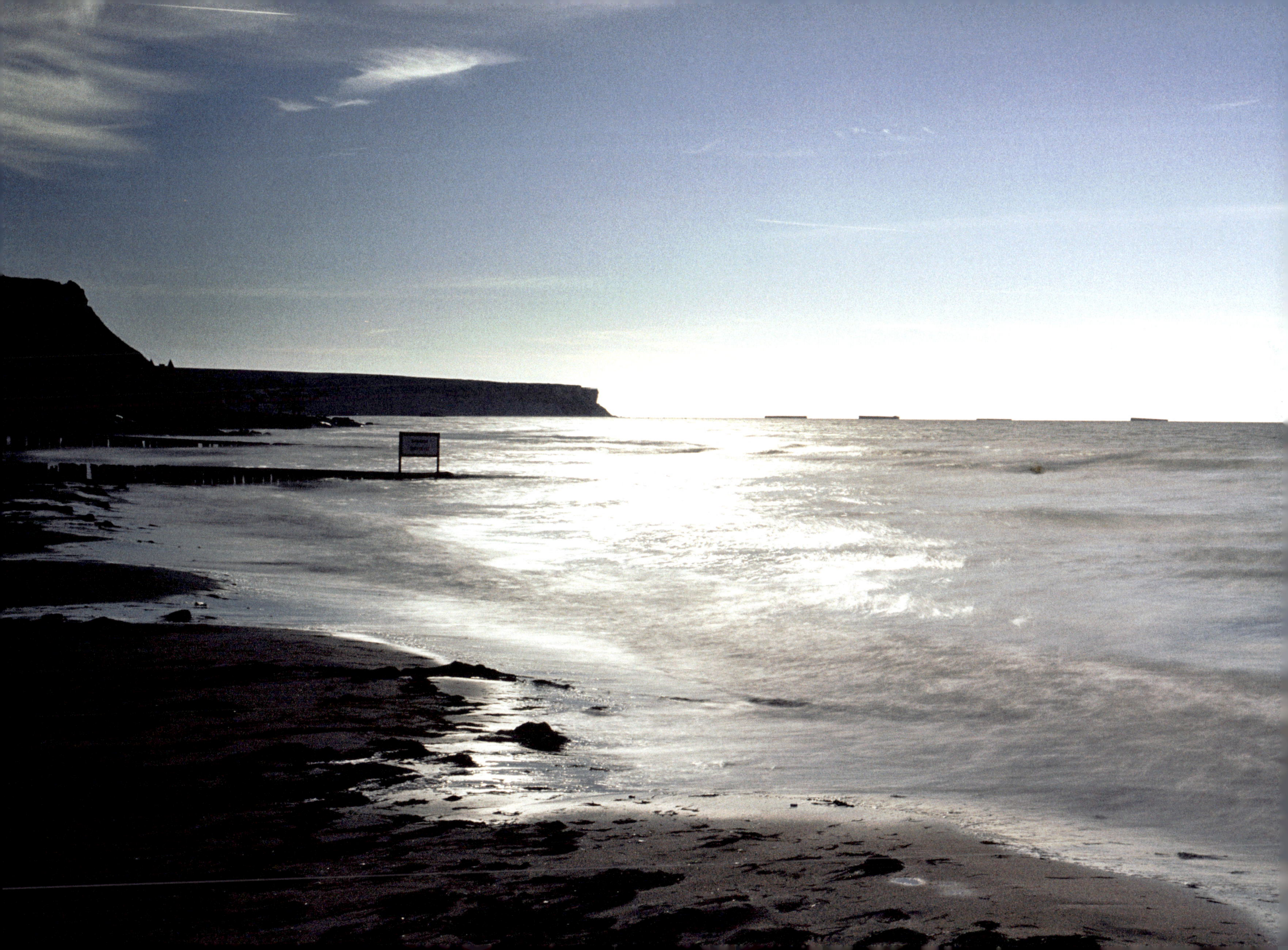

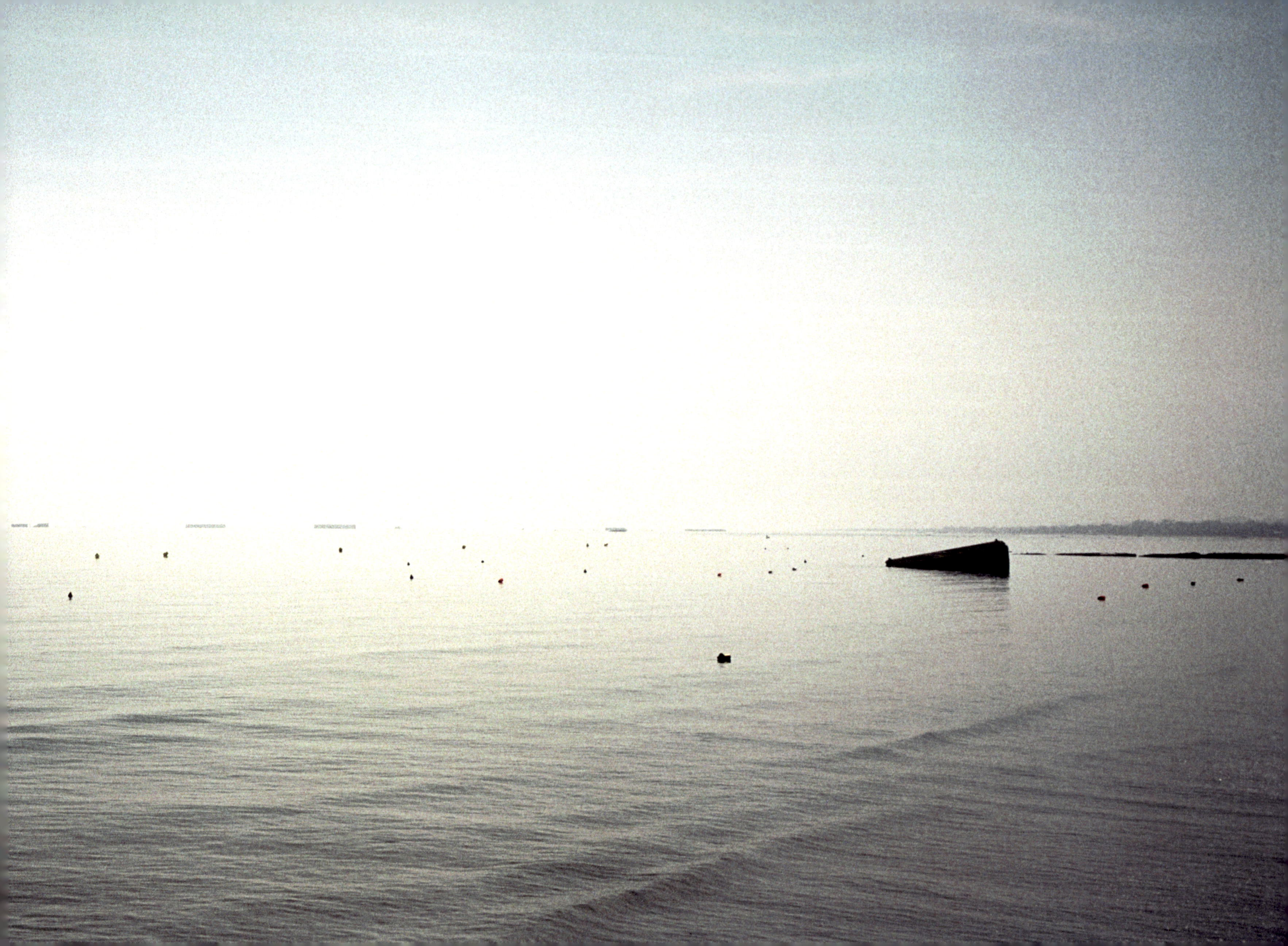

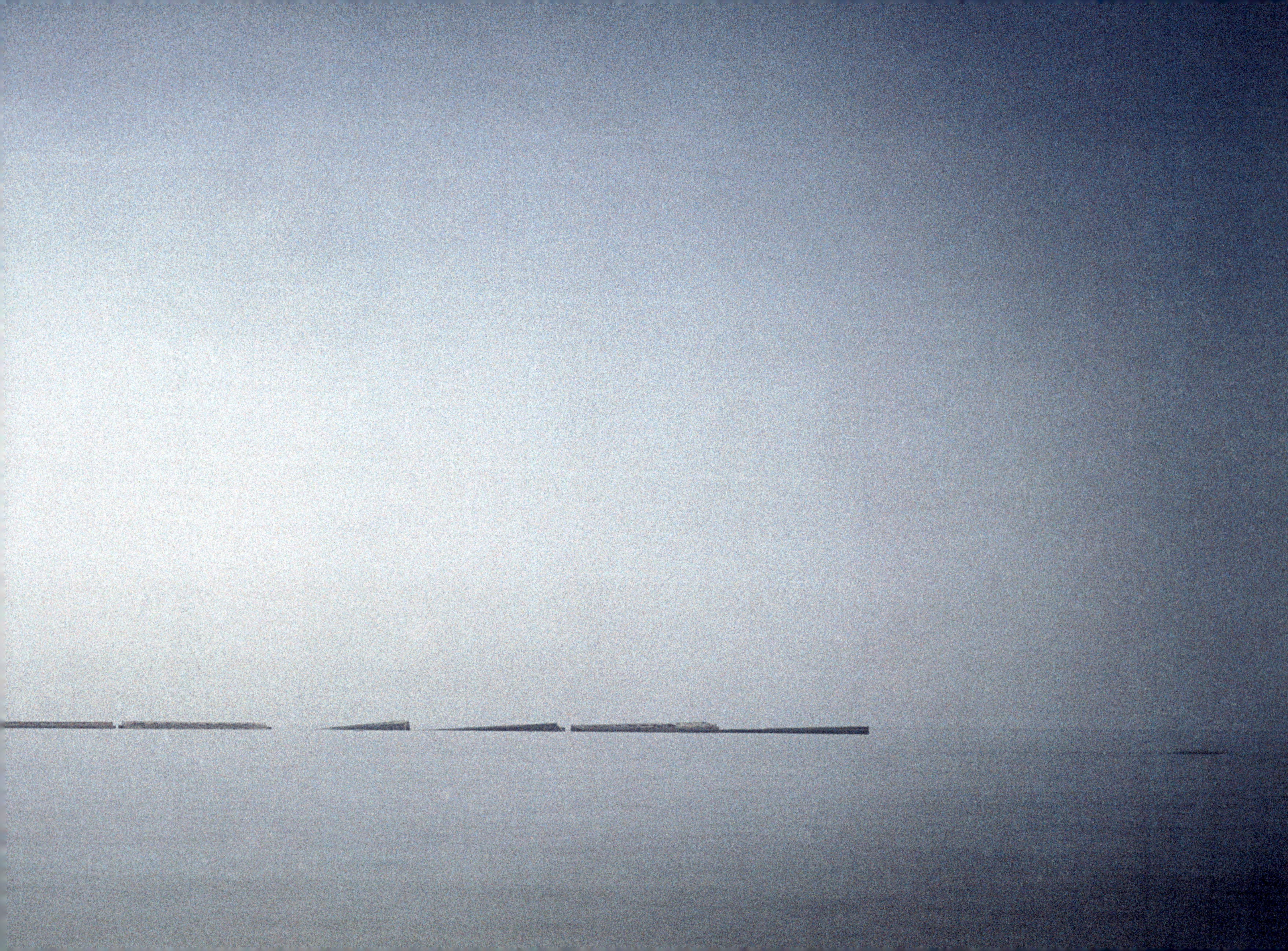

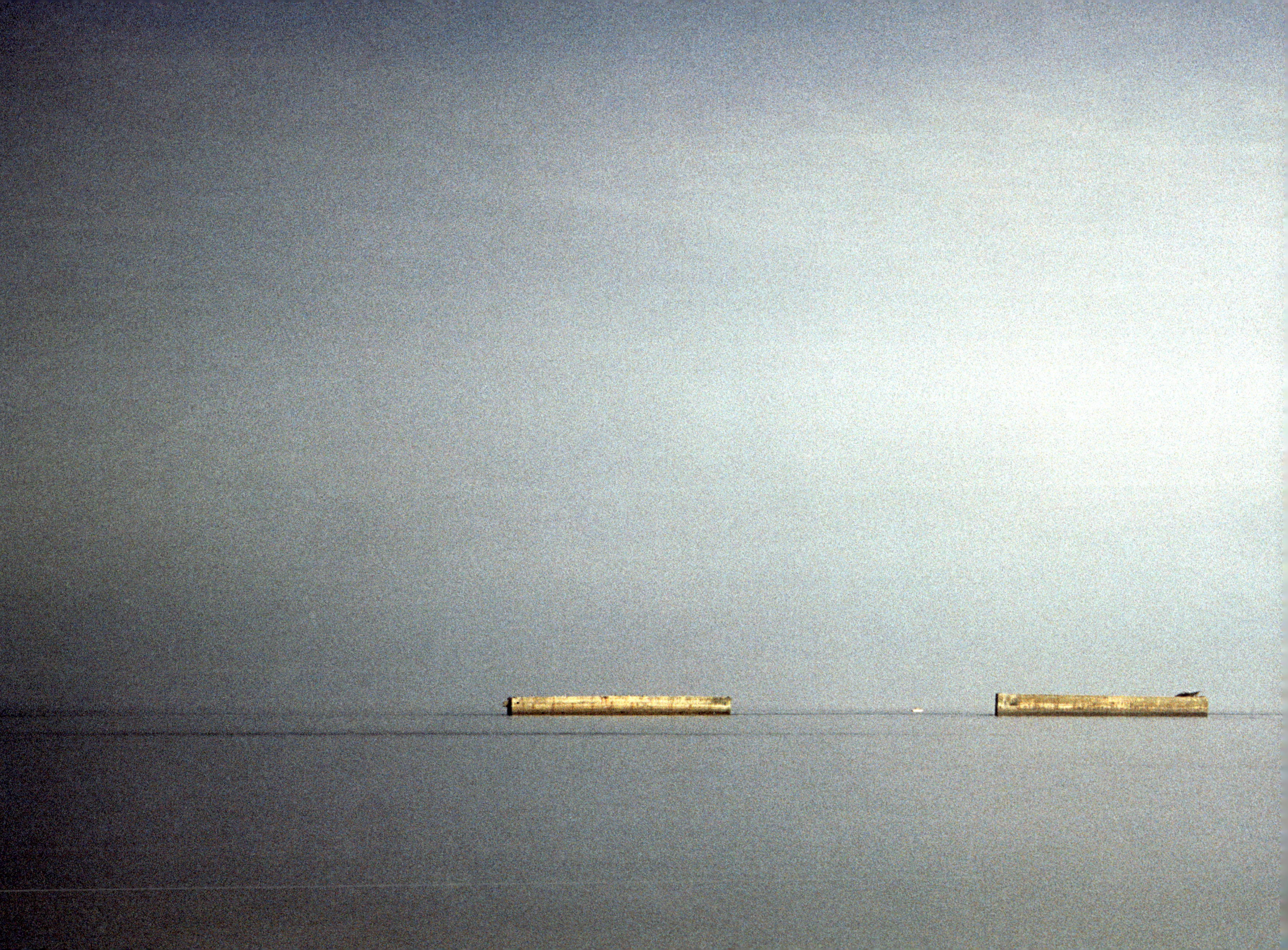

El 6 de junio de 1944, miles de hombres se enfrentaron en cinco
playas hermosas y desaforadas.

A las 4:15 de la madrugada, aparecieron frente a las costas
normandas seis acorazados, 23 cruceros, 122 destructores
y 360 torpederos, en lo que fue la mayor operación anfibia de la
historia. En cada barcaza cabían 80 soldados, 450 kilos en fusiles,
1500 en munición. Es difícil calcular el peso en las manos de
aquellos hombres.

El destino era cubrir las playas, conocidas en clave como Utah,
Omaha, Gold, Juno y Sword. Una vez en la arena, los 17.000 americanos
y 4255 británicos de las divisiones aerotransportadas tropezaron con
un infierno de minas y disparos que generó una confusión de muertos,
vehículos, armas, explosivos y chatarra de todo tipo. En las cuatro
primeras horas murieron en Omaha 3000 hombres.

Fracasados los primeros contrataques, Von Rundstedt y Rommel
comprendieron que habían perdido la batalla de la costa. Este día fue
bautizado como el Día D, «el día más largo».

Debe de haber pocas playas tan hermosas donde hayan muerto
miles de hombres.

On 6 June 1944, thousands of men confronted one another on
five long and beautiful beaches.

At 4:15 in the morning, six battleships, 23 cruisers, 122 destroyers
and 360 torpedo boats appeared off the coasts of Normandy. It was
the biggest amphibious operation in history. Each landing craft held
80 soldiers, 450 kilos of rifles and 1,500 kilos of munitions. It is hard
to calculate the weight in the hands of those men.

Their goal was to cover the beaches, known by the codenames
of Utah, Omaha, Gold, Juno and Sword. Once on the sand, the
17,000 Americans and 4,255 British troops of the airborne divisions
encountered an inferno of shooting and mines that created a
confusion of corpses, vehicles, weapons, explosives and scraps of
metal of all kinds. In the first four hours, 3,000 men died at Omaha.

After the failure of the first counter-attacks, Von Rundstedt
and Rommel understood they had lost the battle for the coast.
That day was called D-Day, 'the longest day'.

There must be few beaches of such beauty where thousands of
men have died.

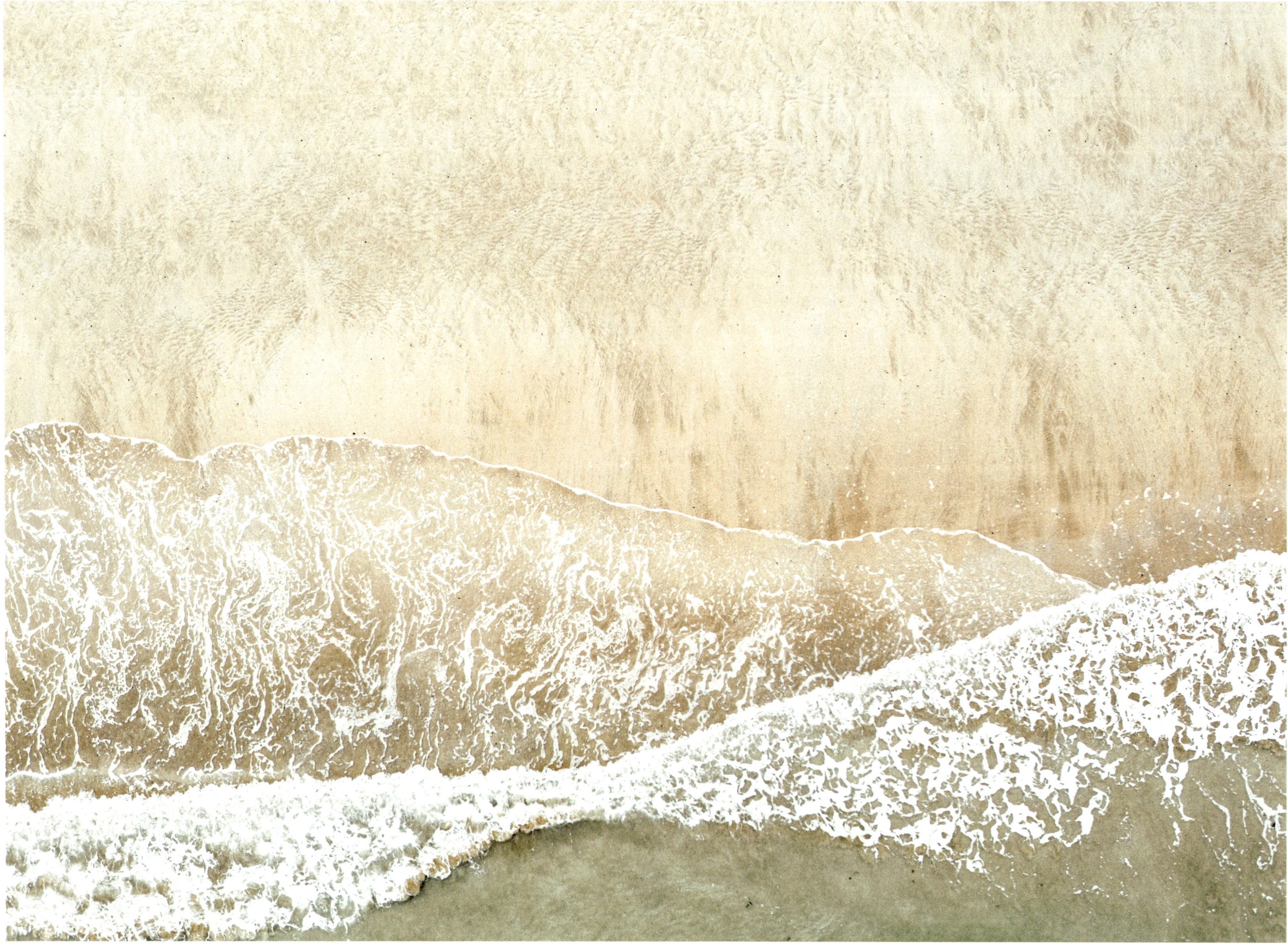

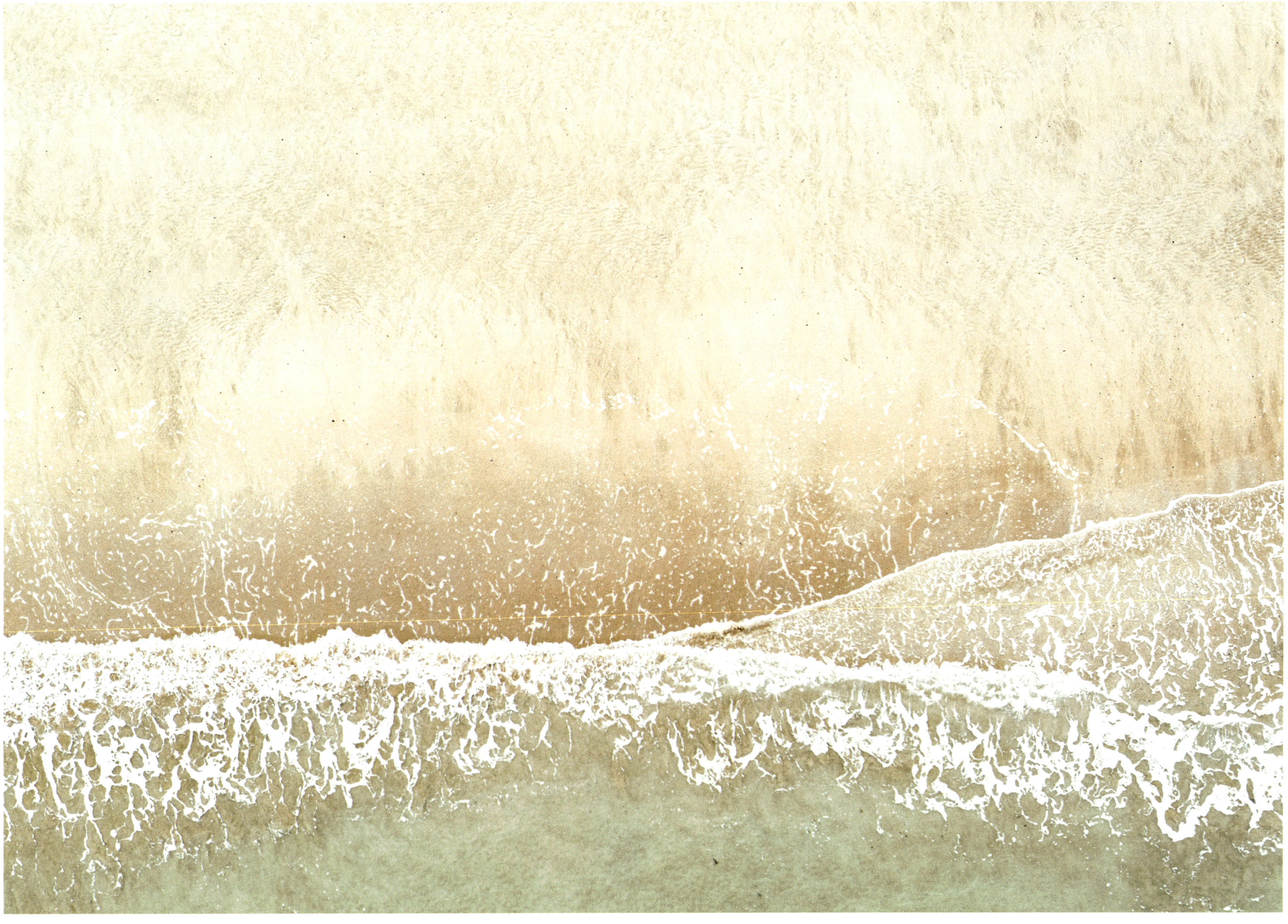

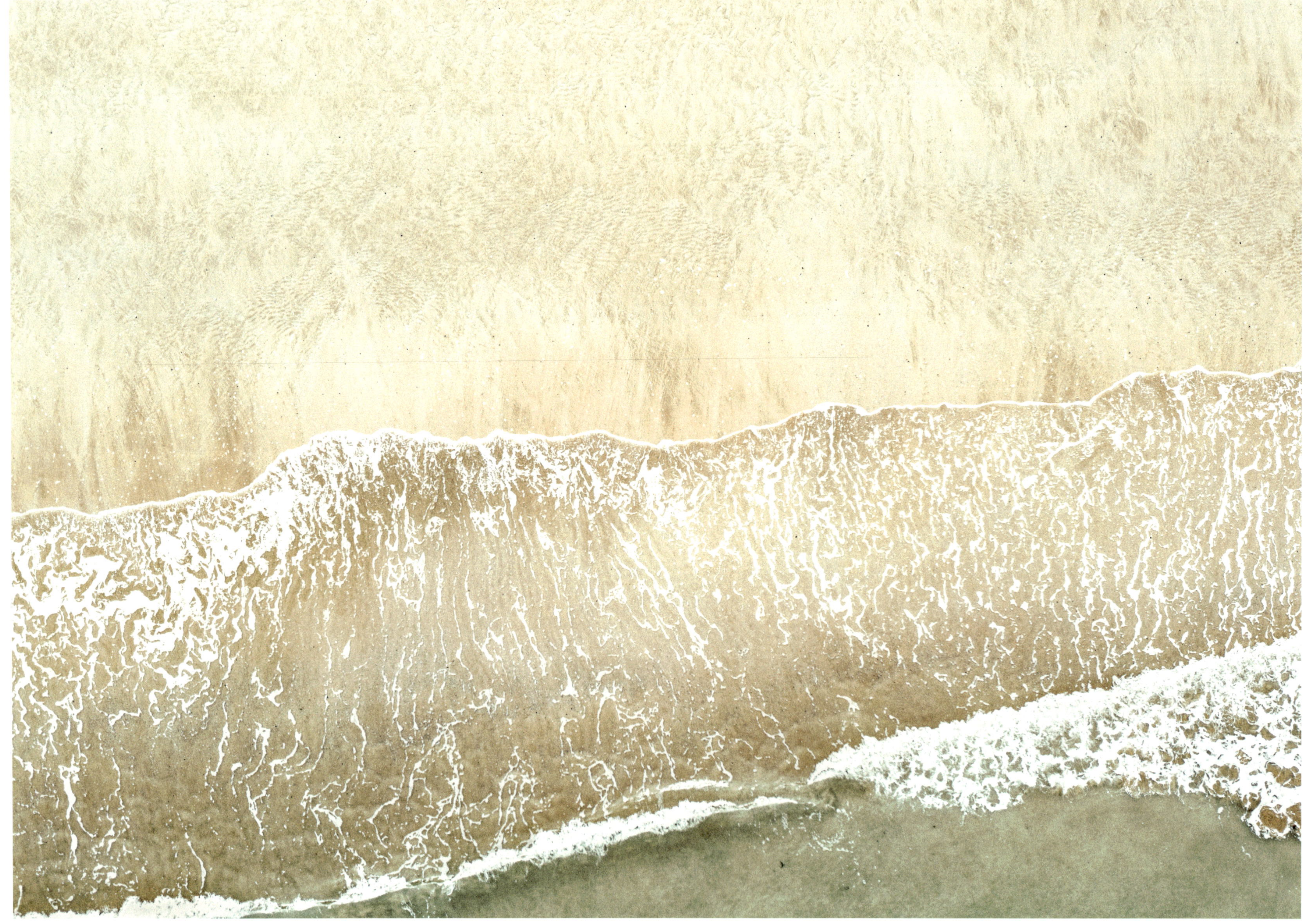

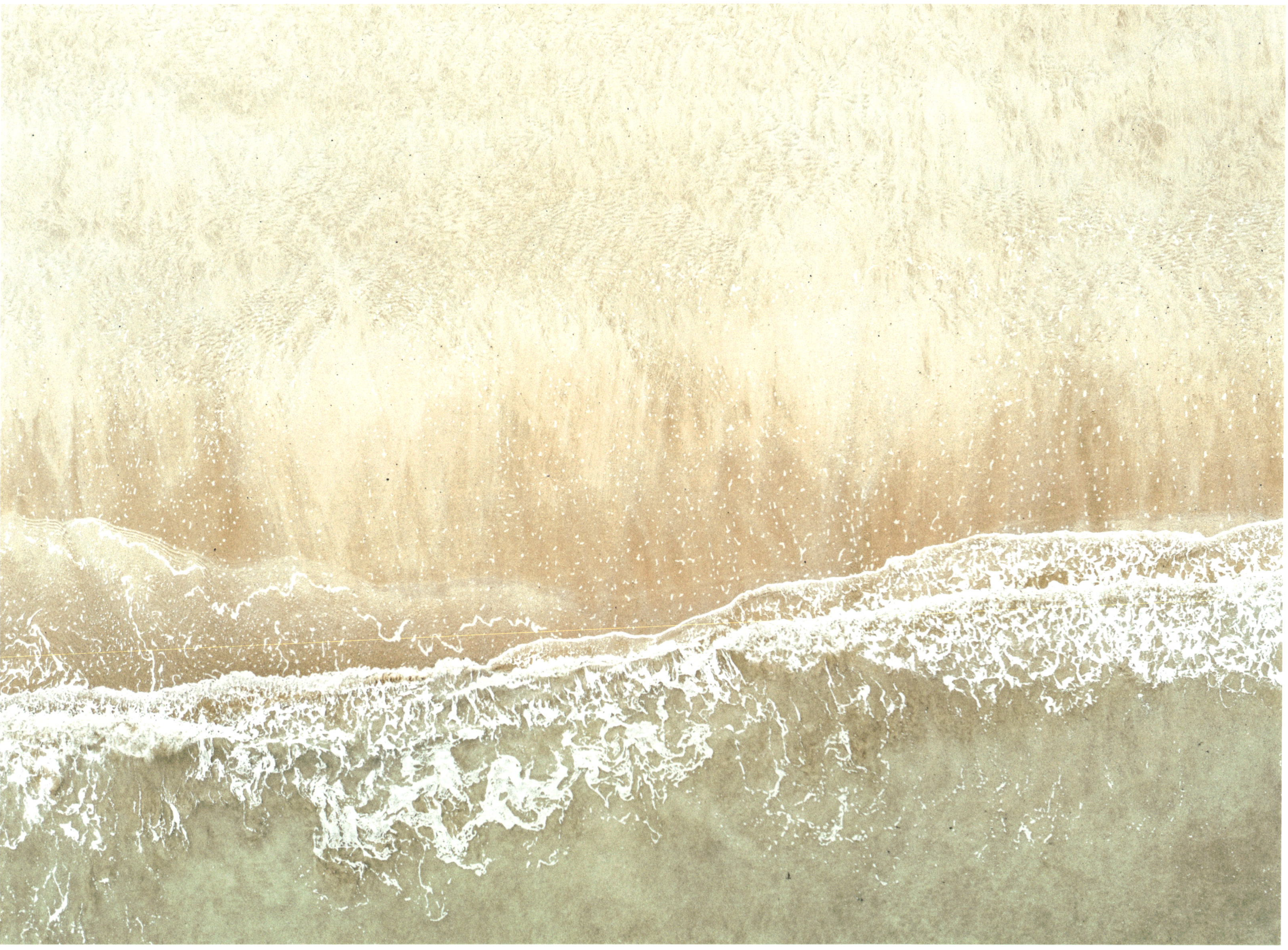

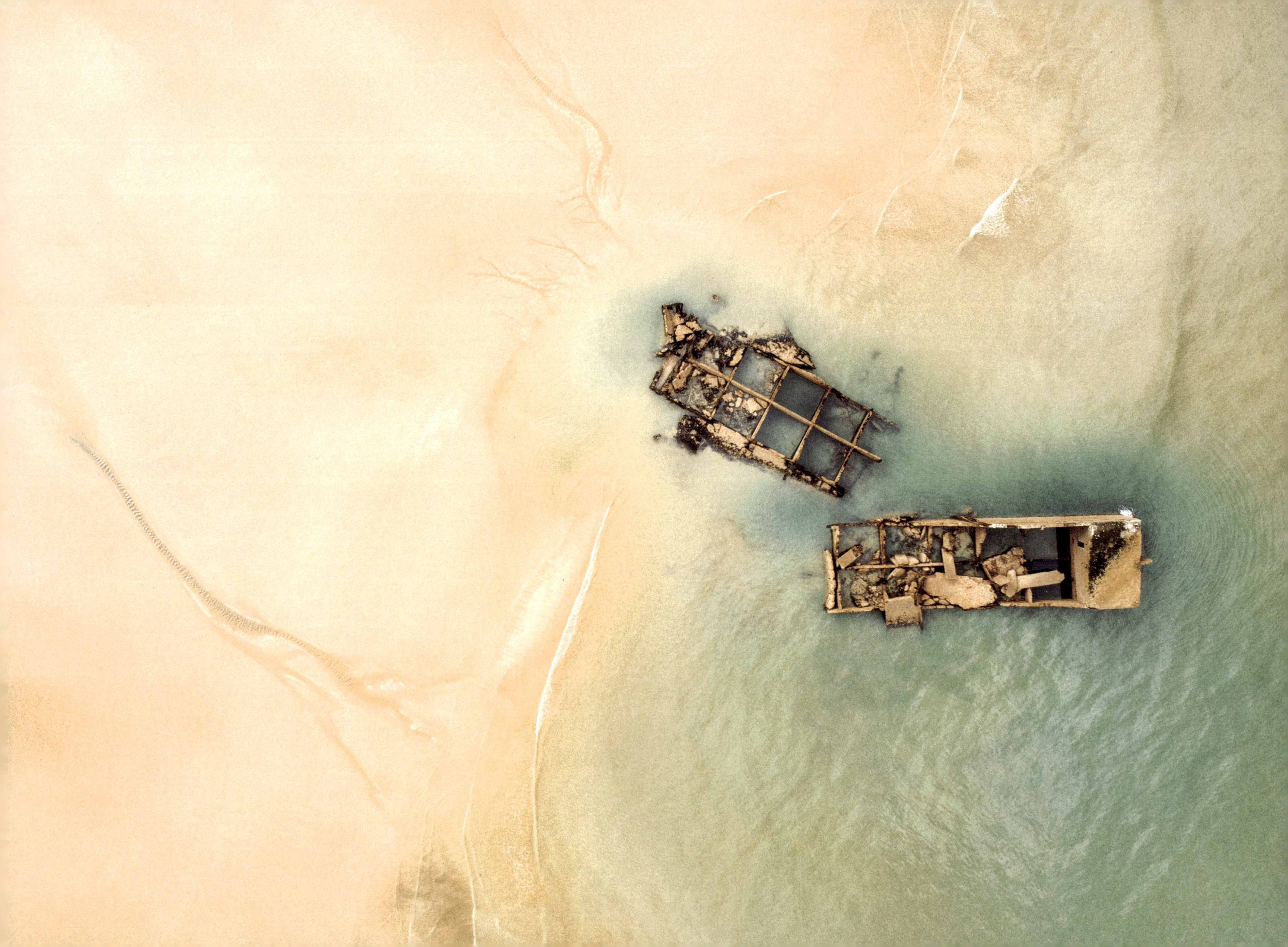

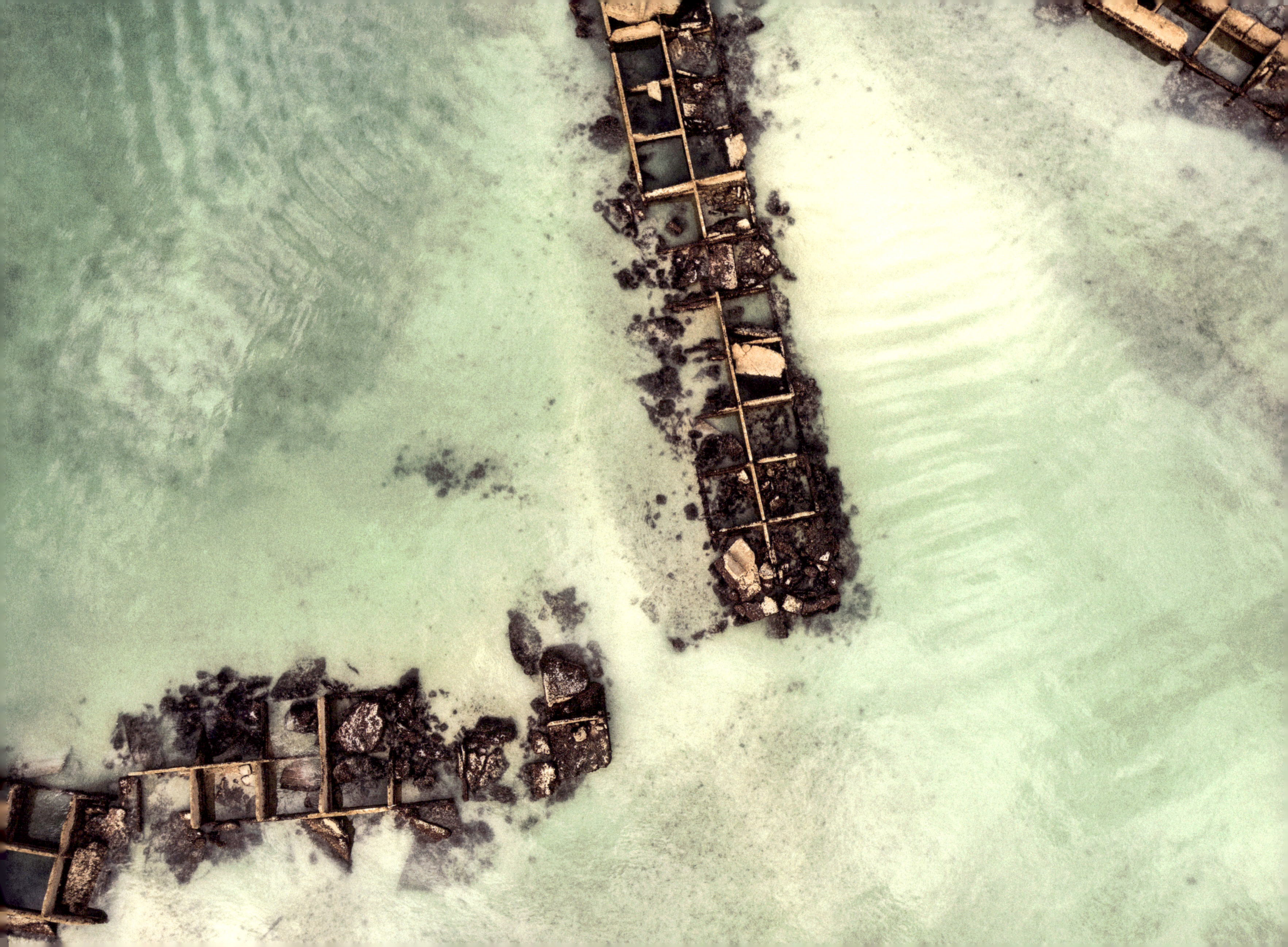

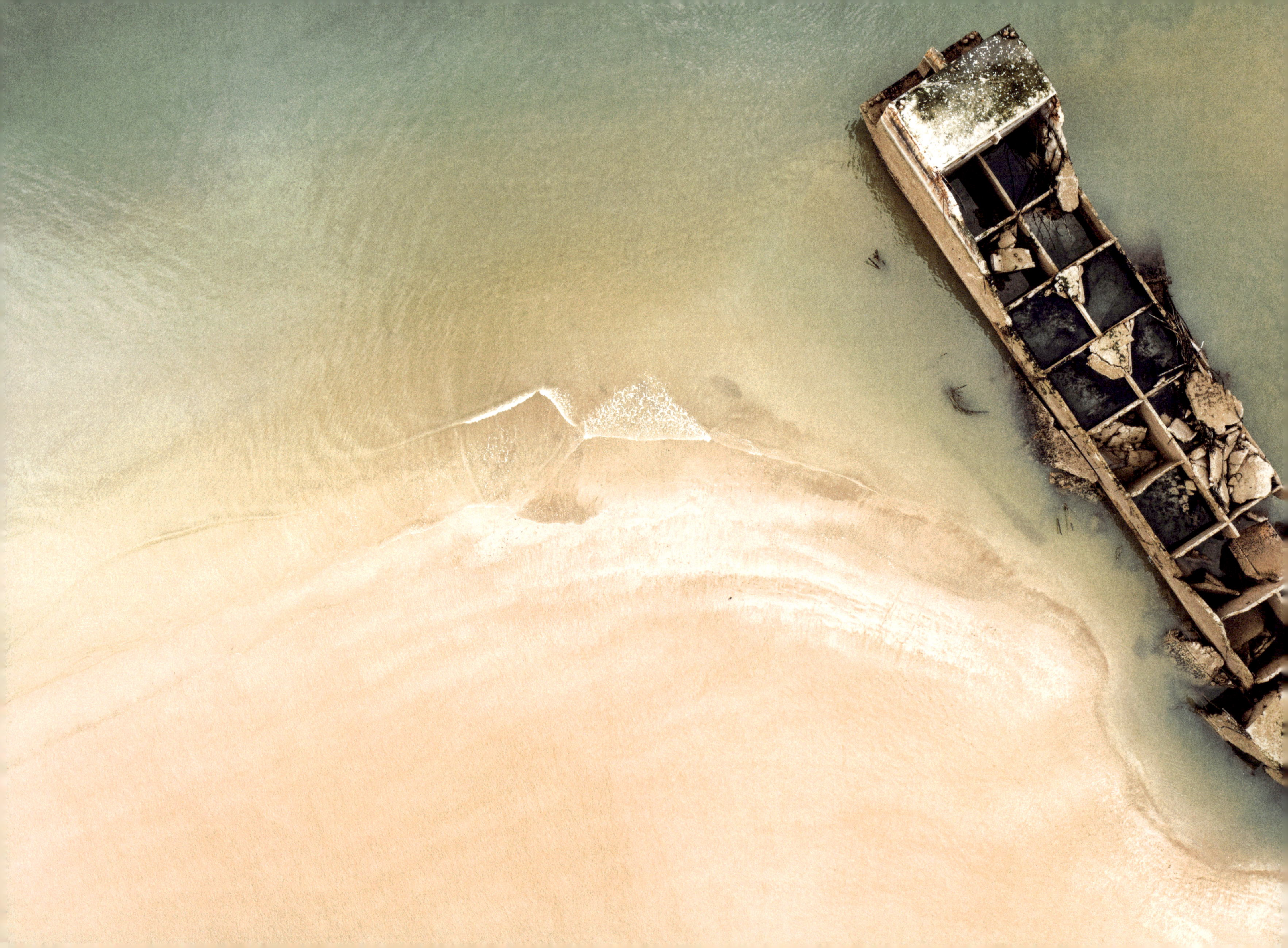

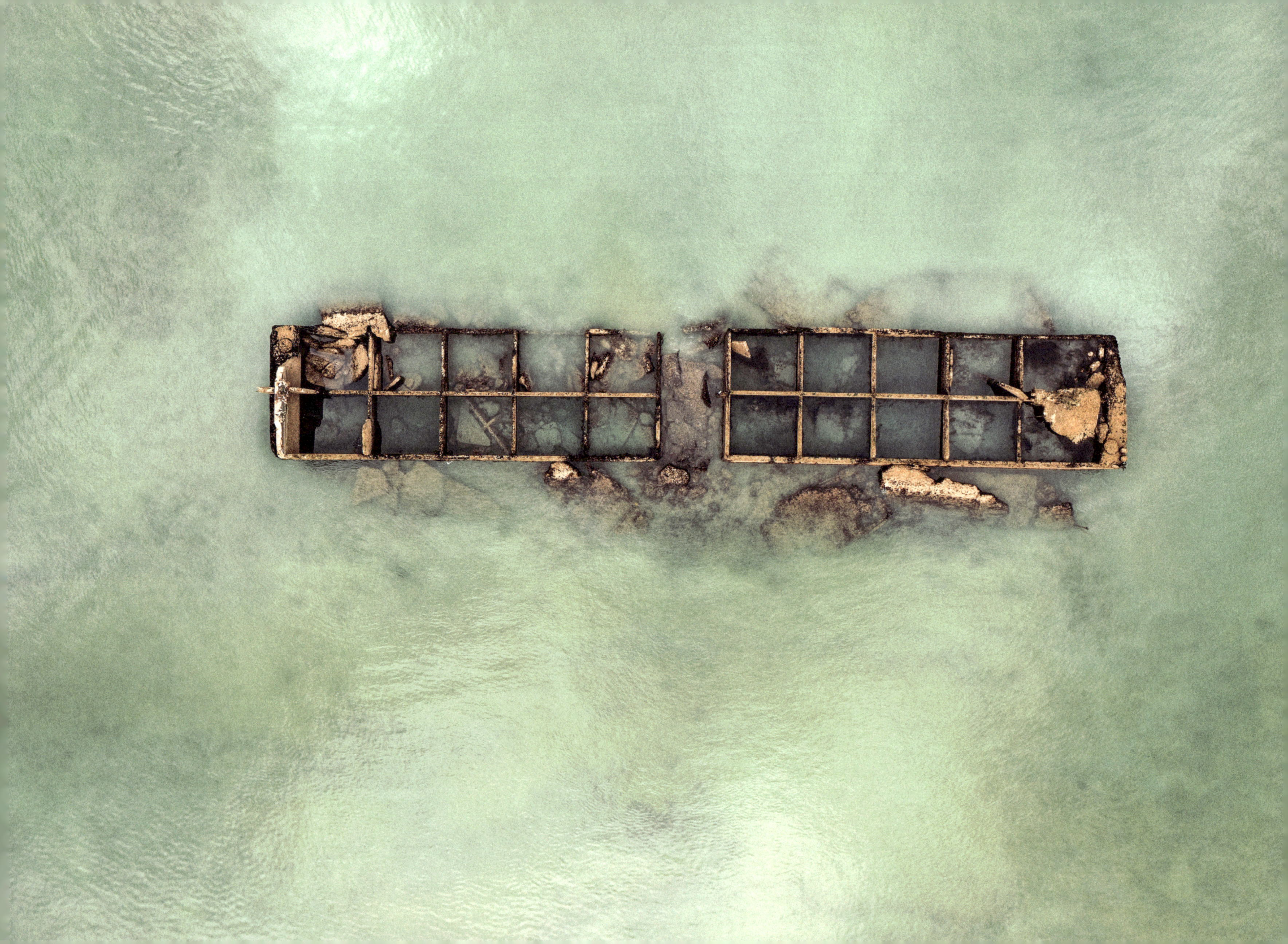

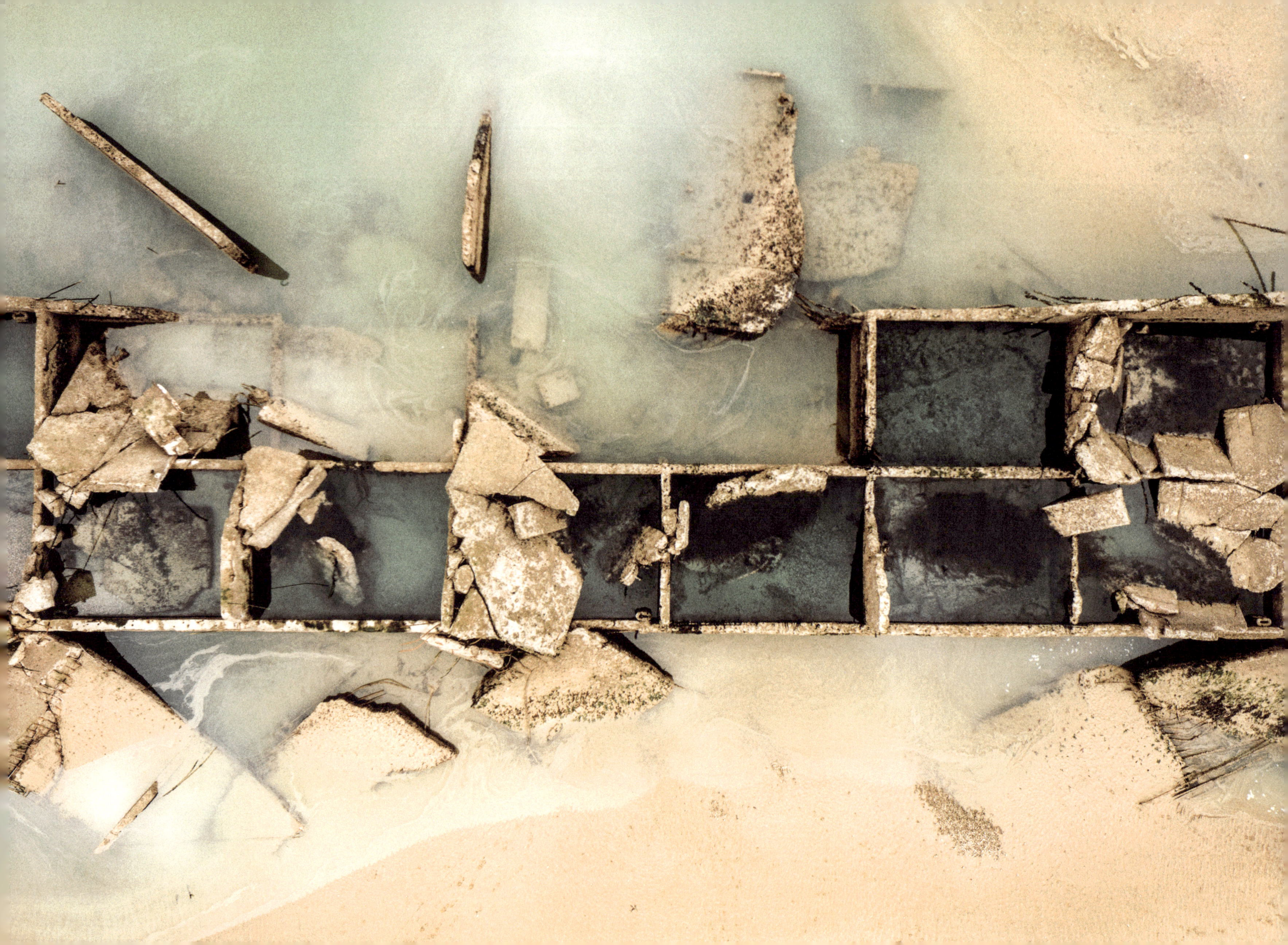

NORMANDIE   EDUARDO NAVE